A SACRALIZAÇÃO
DA ARTE E DO ARTISTA

Editora Appris Ltda.
1.ª Edição - Copyright© 2020 dos autores
Direitos de Edição Reservados à Editora Appris Ltda.

Nenhuma parte desta obra poderá ser utilizada indevidamente, sem estar de acordo com a Lei nº 9.610/98. Se incorreções forem encontradas, serão de exclusiva responsabilidade de seus organizadores. Foi realizado o Depósito Legal na Fundação Biblioteca Nacional, de acordo com as Leis nos 10.994, de 14/12/2004, e 12.192, de 14/01/2010.

Catalogação na Fonte
Elaborado por: Josefina A. S. Guedes
Bibliotecária CRB 9/870

O482s
2020
	Oliveira, Késia Mendes Barbosa
	   A sacralização da Arte e do artista / Késia Mendes Barbosa Oliveira. - 1. ed. – Curitiba : Appris, 2020.
	   139p. ; 23 cm. – (Educação, tecnologias e transdisciplinaridades).
	
	   Inclui bibliografias
	   ISBN 978-65-5523-987-4
	
	   1. Professores de Arte – Formação. 2. Arte – Estudo e ensino. 3. Educação. 4. Práticas de ensino. I. Título. II. Série I. Título. II. Série.
	
	                                                                              CDD – 370.71

Livro de acordo com a normalização técnica da ABNT

Editora e Livraria Appris Ltda.
Av. Manoel Ribas, 2265 – Mercês
Curitiba/PR – CEP: 80810-002
Tel. (41) 3156 - 4731
www.editoraappris.com.br

Printed in Brazil
Impresso no Brasil

Késia Mendes Barbosa Oliveira

A SACRALIZAÇÃO DA ARTE E DO ARTISTA

FICHA TÉCNICA

EDITORIAL	Augusto V. de A. Coelho
	Marli Caetano
	Sara C. de Andrade Coelho
COMITÊ EDITORIAL	Andréa Barbosa Gouveia - UFPR
	Edmeire C. Pereira - UFPR
	Iraneide da Silva - UFC
	Jacques de Lima Ferreira - UP
ASSESSORIA EDITORIAL	Lucas Casarini
REVISÃO	José Bernardo dos Santos Jr.
PRODUÇÃO EDITORIAL	Jaqueline Matta
DIAGRAMAÇÃO	Danielle Paulino
CAPA	Julie Lopes
COMUNICAÇÃO	Carlos Eduardo Pereira
	Débora Nazário
	Karla Pipolo Olegário
LIVRARIAS E EVENTOS	Estevão Misael
GERÊNCIA DE FINANÇAS	Selma Maria Fernandes do Valle

COMITÊ CIENTÍFICO DA COLEÇÃO EDUCAÇÃO, TECNOLOGIAS E TRANSDISCIPLINARIDADE

DIREÇÃO CIENTÍFICA Dr.ª Marilda A. Behrens (PUCPR) — Dr.ª Patrícia L. Torres (PUCPR)

CONSULTORES

- Dr.ª Ademilde Silveira Sartori (Udesc)
- Dr. Ángel H. Facundo (Univ. Externado de Colômbia)
- Dr.ª Ariana Maria de Almeida Matos Cosme (Universidade do Porto/Portugal)
- Dr. Artieres Estevão Romeiro (Universidade Técnica Particular de Loja-Equador)
- Dr. Bento Duarte da Silva (Universidade do Minho/Portugal)
- Dr. Claudio Rama (Univ. de la Empresa-Uruguai)
- Dr.ª Cristiane de Oliveira Busato Smith (Arizona State University /EUA)
- Dr.ª Dulce Márcia Cruz (Ufsc)
- Dr.ª Edméa Santos (Uerj)
- Dr.ª Eliane Schlemmer (Unisinos)
- Dr.ª Ercilia Maria Angeli Teixeira de Paula (UEM)
- Dr.ª Evelise Maria Labatut Portilho (PUCPR)
- Dr.ª Evelyn de Almeida Orlando (PUCPR)
- Dr. Francisco Antonio Pereira Fialho (Ufsc)
- Dr.ª Fabiane Oliveira (PUCPR)

- Dr.ª Iara Cordeiro de Melo Franco (PUC Minas)
- Dr. João Augusto Mattar Neto (PUC-SP)
- Dr. José Manuel Moran Costas (Universidade Anhembi Morumbi)
- Dr.ª Lúcia Amante (Univ. Aberta-Portugal)
- Dr.ª Lucia Maria Martins Giraffa (PUCRS)
- Dr. Marco Antonio da Silva (Uerj)
- Dr.ª Maria Altina da Silva Ramos (Universidade do Minho-Portugal)
- Dr.ª Maria Joana Mader Joaquim (HC-UFPR)
- Dr. Reginaldo Rodrigues da Costa (PUCPR)
- Dr. Ricardo Antunes de Sá (UFPR)
- Dr.ª Romilda Teodora Ens (PUCPR)
- Dr. Rui Trindade (Univ. do Porto-Portugal)
- Dr.ª Sonia Ana Charchut Leszczynski (UTFPR)
- Dr.ª Vani Moreira Kenski (USP)

A Oswaldo, companheiro nas conquistas.
A Henrique e Melissa, razão de minha busca.

AGRADECIMENTOS

À Monique Andries Nogueira, pela crença na dessacralização da Arte e do artista, concretizada na orientação que possibilitou a construção desta obra.

Aos meus pais, Élio e Marlene, por me ensinarem com ousadia o sentimento de pertencimento ao mundo da cultura e por me contaminarem com o gosto pela aventura intelectual.

A Oswaldo, companhia amorosa e encorajadora de todo o percurso.

A Henrique e Melissa, filhos que ensinam cotidianamente o sentido do aprofundamento humano.

A Jadir de Morais Pessoa, por me apresentar a perspectiva analítica de Bourdieu e incentivar a publicação desta obra.

A viagem não acaba nunca. Só os viajantes acabam. E mesmo estes podem prolongar-se em memória, em lembrança, em narrativa. Quando o visitante sentou na areia da praia e disse: "Não há mais o que ver", saiba que não era assim. O fim de uma viagem é apenas o começo de outra. É preciso ver o que não foi visto, ver outra vez o que se viu já, ver na primavera o que se vira no verão, ver de dia o que se viu de noite, com o sol onde primeiramente a chuva caía, ver a seara verde, o fruto maduro, a pedra que mudou de lugar, a sombra que aqui não estava. É preciso voltar aos passos que foram dados, para repetir e para traçar caminhos novos ao lado deles. É preciso recomeçar a viagem. Sempre.

José Saramago

PREFÁCIO

ERA PRECISO DIZER A OUTROS MAIS LEITORES

Em várias e distintas oportunidades disse e repeti em sala de aula a seguinte brincadeira: eu não entendo nada de Arte, mas quero estar sempre perto dos artistas. Tratava-se de uma brincadeira que, no entanto, comportava muitas verdades, se contemplo pelo retrovisor minha biografia escolar. Desde o início de minha escolarização básica em um ambiente rural goiano até a conquista da formação universitária, como repeti recentemente a um grupo de pessoas do mesmo espaço de minha origem rural, a sensação que fica de meu percurso escolar é análoga a uma situação bizarra imaginada: um cidadão compra um terreno em um determinado bairro e chama um pedreiro para orçamento e empreita da construção de uma casa. À pergunta do pedreiro sobre o que o dono do terreno deseja que seja a casa, este responde que quer uma casa com uma sala e dois quartos de dormir. Qualquer pessoa estranharia essa resposta. Mesmo se concebemos uma casa do ponto de vista estritamente funcional, ainda estão faltando o banheiro, a cozinha, uma varanda, garagem, área de serviço e um cômodo contíguo à cozinha, destinado a um pequeno estoque de utensílios e suprimentos alimentícios, que todo goiano conhece muito bem pela rubrica "dispensa". Mas, extrapolando-se o âmbito funcional, ainda faltariam os espaços para objetos ou ícones da religiosidade e das memórias da família. Um bom goiano de algumas décadas atrás também não se esqueceria jamais do local exato para a instalação do seu clássico rádio de mesa – o meu é um Semp –, espaço esse que foi posteriormente ocupado por novos ícones da comunicação de massa e do entretenimento, como a televisão, o *home theater*, o Playstation.

Voltemos à casa de sala e quartos de dormir. Meu próprio percurso escolar, relido depois com uma empenhada vivência de educador, possibilita uma compreensão de que o mundo da escola, salvo grandiosos e esclarecidos esforços, nunca conseguiu se desvencilhar completamente de uma perspectiva parcializada, instrumental – "formar para". Ainda que esse "formar para" saia um pouco dos seus "pés de chumbo", a via profissionalizante – preparar para o mercado de trabalho –, mudando-se um pouco o bico da canoa em direção ao ensino das chamadas humanidades, a instrumentalização está sempre rondando a escola, pois, mesmo nesse caso, em última instância, o que se busca é a capacidade de exercer influência moral sobre a sociedade, à imagem e semelhança dos valores e postulados de quem mantém e conduz a escola.

Note, leitor, que estou assinalando uma predominância, uma postura quase atávica da escola. Mas a história da instrução escolar brasileira não se reduz a ela. Uma janela sempre escancarada, visando romper com esse ciclo vicioso, dos tempos jesuíticos aos dias de hoje, é o ensino de Arte ou a Arte-educação. No fazer da escola ou fora dela, e com as contradições verificadas em cada período histórico, a Arte tem e terá sempre a capacidade de mostrar às pessoas que o mundo em que vivem, por mais limitado e limitador que seja, não é uma fatalidade, uma condenação irrevogável. É possível extrapolá-lo e descobrir outras formas de se viver a vida. Um exemplo majestoso dessa possibilidade, pondo-se em foco a Arte literária, é o de um menino pobre, nascido no sul pobre de Portugal, filho e neto de camponeses, que, por necessidade de trabalhar e participar do sustento da família, não chegou à universidade. Malgrado tudo isso, tornou-se Nobel de Literatura (1998) e doutor *honoris causa* em 38 universidades mundo afora, inclusive no Brasil. Isso é histórico, é real e tem como explicação um fator tão determinante quanto simples. José Saramago teve uma alfabetização precária, iniciada na própria família, lendo exemplares de jornal que seu pai ganhava e levava para casa. Aos 11 ou 12 anos de idade ganhou seu primeiro livro (*O mistério do moinho*), tornando-se, a partir de então, um ávido leitor literário.

A Arte transforma porque em face dela sempre nos vemos em meio a uma batalha "entre experiências passadas e novas impressões", como expressou Georg Lukács, no texto *A Arte como autoconsciência do desenvolvimento da humanidade* (LUKÁCS, p. 293, 1968). Esse texto compõe a parte final da obra *Introdução a uma estética marxista* (1968) e expressa a convicção do autor no sentido de que, nesta batalha, "o novo, o original, o significativo obtém a vitória sobre as velhas experiências" (p. 293). Por isso é importante que a Arte seja tratada, mesmo fora da escola, mas muito mais no seu fazer intrínseco, como necessária. A formação do humano profundo não pode dela prescindir. É isso que dá sentido à existência da Arte-educação. A escola não precisa abdicar do anseio pela formação de cidadãos capazes de se inserirem proativamente na produção material da vida. Mas, com igual necessidade, deve abrir a todas as pessoas que passam por seus bancos a possibilidade de se inserirem, também, na produção simbólica da vida. Isso é antes de tudo um direito de todos, como expressa muito bem Antonio Candido para o caso da literatura.

Temos necessidade da Arte, seguindo o raciocínio do filósofo austríaco Ernst Fischer (*A necessidade da Arte,* 1966), porque ela, concernente que é ao homem enquanto totalidade, capacita nosso "Eu" a "incorporar a si aquilo que ele não é, mas tem possibilidade de ser" (p. 19). José Saramago, por suas condições econômicas, não teve uma alfabetização "convencional" no chamado "tempo certo" e não teve acesso ao ensino superior. Mas a Arte literária o "capacitou" a impactar grandes universidades muito além do seu pequeno mundo, a província de Ribatejo em Portugal.

Eis a questão, leitores e leitoras. A escola não pode prescindir da Arte em seu fazer diário. Estou evitando aqui a ideia de "ensino da Arte", o que daria à frase um sentido mais pragmático e muito mais familiar a tanta gente do nosso ofício – a escola não pode prescindir do ensino da Arte. Muito mais afeita ao conteúdo deste livro e ao meu próprio consumo, é a ideia de que a escola precisa ser contaminada, incomodada pelo potencial transformador da Arte. Mas a ideia de ensino não pode ser de todo relegada, pois a autora, na parte final da obra, enfatiza a necessidade de a Arte-educação ser, também, para o aluno, a aquisição de determinados códigos sem os quais a contextualização da obra de arte e sua apreciação tenderão a ser impossibilitadas. Mas, ainda assim, a questão não é tão simples. Como tudo no campo da educação, a Arte-educação é também uma questão disputada, propensa a protagonizar ainda importantes debates teóricos e práticos. É por isso que sempre desejei ver o texto *A sacralização da Arte e do artista* apresentado a outros mais leitores na forma de livro. Késia Oliveira o guardava há alguns anos como uma joia rara, desenhada, construída e lustrada com tanto esmero, mas eu tinha certeza de que em uma hora dessa sua generosidade suplantaria qualquer outro sentimento e o exporia ao debate com seus pares no subcampo da Arte-educação.

Minha certeza de que esse dia chegaria e chegou advém da convicção de que ela disponibiliza um texto com um amplo lastro histórico – do jesuitismo aos dias de hoje –, perpassado por aportes teóricos de grande densidade e vivência da questão, como são os casos dos autores Benjamin, Durand, Forquin, Mae Barbosa, Santaella e outros mais. Dentre esses autores sobressai no texto a iluminação, a orientação dos passos da pesquisadora, encontrada no "conhecimento praxiológico", o modo bourdieusiano de fazer Sociologia. O que, de resto, vale para toda a Sociologia, mas o sociólogo francês Pierre Bourdieu pôs em prática com a envergadura de um modelo de análise, é a sua obcecada busca pela "desnaturalização" e "desfatalização" do mundo social, em qualquer das situações históricas em que esse mundo social se materialize: a religião, a política, o estado, a literatura, a moda, a Arte, o sistema de ensino. Vamos ler, detidamente, na obra de Késia Oliveira: não é "natural" que a obra de arte e o artista sejam tratados como entes que só ganham legibilidade no plano sobrenatural, da sacralidade. Tem sido assim, mas não há nisso nenhuma "fatalidade" ou inexorabilidade. Tem sido assim porque assim é mais conveniente aos agentes que detêm maior capacidade de força no interior do campo da produção cultural – pode-se ler, também, no campo da Arte.

Mas a primorosa inserção de Késia Oliveira no debate Arte-educacional ainda está em um ponto além da sua vigorosa fundamentação teórica. Está na sua tese, na questão que norteia seu texto. Ela traz para o epicentro das discussões na Arte-educação uma questão que está fora dela, que está no âmago da própria Arte. A Arte, como conhecimento e forma de comunicação, é produzida pela própria sociedade, é um construto da história humana, que constitui a natureza humana e, portanto, o acesso a ela deveria ser direito de todos. Mas não é! O nó górdio, o que constitui essa disjunção, engendrada ao longo de séculos com o consórcio de vários contextos históricos, filosóficos, religiosos e artísticos, é o processo de sacralização a que foi submetida. Tudo que é tratado como sagrado ganha ares de absoluto, intangível, incompreensível aos viventes daqui, no terreno da reles imanência. Arte e artista, de uma única tacada tornaram-se seres erigidos a um Olimpo que permite, no máximo, a contemplação à distância. O resultado é bem simples e prático: a Arte é um privilégio, e se é privilégio, é para poucos. E, sem ela, sem a sua irreverência, sem o seu poder de insurgência, o controle social é muito, mas muito mais fácil.

O ponto de maior brilho e significância da inserção de Késia Oliveira no debate Arte-educador está precisamente aí. A escola deveria ser o espaço em que a dessacralização da Arte e do artista fosse privilegiado, substanciado. Na escola há que se construir um ambiente que recuse a ideia de que é "natural" pensar o artista e o que ele faz como dom concedido a poucos, sabe-se lá a que horas da madrugada.

A essas alturas o leitor já terá percebido como me sinto agraciado, honrado por conhecer este texto, desde os primeiros meses de sua feitura. Mas eu já estava ansioso por vê-lo nas mãos de outros mais leitores. Isso aconteceu. Só espero que agora esta minha alegria se replique fartamente.

Uma ótima leitura!

Professor doutor Jadir de Morais Pessoa
Professor titular da Faculdade de Educação
Universidade Federal de Goiás-UFG

APRESENTAÇÃO

*É bom notar que há ideias pré-fabricadas a respeito de qualquer coisa,
o que é bastante prático, permitindo-nos passar facilmente de uma
ideia para outra.*

Maurice Druon

A Arte e o artista, de maneira geral são considerados, por um lado, sinônimos da cultura ilustrada, requinte e cultivo do espírito; por outro, são tidos como acessório, artigo de luxo, coisa para poucos e felizes. Tais compreensões etnocêntricas estão no bojo das indagações que guiam este livro: por que as noções de dom e talento sobrenatural são tão fortes na criação artística? Como, quando e por que o artista passou a ser encarado como um semideus? Como se deu o processo que engendrou concepções maniqueístas e elitistas da Arte? De que maneira essas visões colaboraram para que a distância entre artista, Arte e público se estabelecesse?

O ponto de intersecção entre todos esses questionamentos é a sacralização da Arte e do artista, compreendida como um processo que colabora para o distanciamento entre as massas e os bens culturais, bem como assegura os privilégios de uma minoria familiarizada com a Arte e o mundo da Arte. A escolha do termo sacralização baseia-se nas semelhanças encontradas entre a sacralização vigente na Idade Média e a sacralização no campo da Arte. No período medievo, o sagrado – como sinônimo de absoluto e incompreensível – regia todas as esferas da vida. A maioria das pessoas estava fadada a uma religiosidade imposta pela obediência inquestionável e pelo respeito profundo e irrefletido. Embora as catedrais estivessem abertas, os conhecimentos que ali figuravam estavam interditos à plebe que os acessava de maneira parcial e manipulada. Ao clero restava guardar as verdades ameaçadoras para o status social vigente e alimentar a crença na mística inacessibilidade do universo sagrado.

À semelhança da sacralização do período medieval, a sacralização da Arte e do artista apresenta tendências semelhantes – mostra-se absoluta em seus valores e consagrações, intocável à grande maioria das pessoas, permeada pela mística noção de dom no que tange à apreciação e criação artística e incompreensível a reles profanos mortais. Assim, a maioria das pessoas trava com a Arte a mesma relação de respeito infundado e irrefletido que outrora mantiveram (ou ainda mantém) com a religiosidade – totalmente desprovida das infinitas possibilidades de recriação de significados estimulada pelo caráter polissêmico da obra de arte. Os museus, galerias de Arte e outros espaços de cultura – igualmente abertos e de livre acesso como as catedrais – encontram-se inacessíveis à maior parte da população que se vê indigna da prática cultural. Resta aos homens egrégios da cultura erudita revestir com a aparência do natural o que conquistaram como resultado de uma aprendizagem formal, ocultando as condições sociais de apropriação dos bens artísticos e incutindo na Arte as mesmas noções irrevogáveis e inacessíveis do mundo divino, ou seja, sacralizando-a.

O conceito de sacralização da Arte e do artista, dessa forma, evidencia uma preocupação em sintetizar didaticamente todas as inquietações. Assim, a **sacralização da Arte** refere-se à obra de arte eterna e intocável, e ao elitismo no acesso e na fruição artística e a **sacralização do artista** diz respeito à mistificação da atividade criadora e a distância em relação ao artista e seu público.

Como o caráter sagrado da Arte e do artista já se tornou uma ideia natural, boa parte das explicações para o acesso e permanência no universo artístico se alicerça na ideologia dos dons ou da disposição culta. Se a "história for agitada" antes de ser "usada", o pó daí proveniente trará elementos e pistas de uma raiz um pouco mais profunda e com muitas ramificações. Nesta obra há uma tentativa de revolver o pó que acoberta e sedimenta a sacralização da Arte e do artista e consolida a rede de privilégios e exclusões que ela alimenta, ao demonstrar que sua gênese histórico-social é quase tão antiga quanto a do próprio homem. Nesse processo de descoberta, após o pó ser removido e a poeira haver se assentado, é possível observar o quão o desenho produzido é surpreendente! Os contornos, as diversas linhas de construção, as diferentes perspectivas e planos figuram uma composição tão complexa quanto abrangente. O ponto de fuga, ou seja, a perspectiva que escolhi para direcionar meu olhar, não é a de desnudar a obra de arte, sua apreciação e o processo de criação de toda a beleza, sedução, sabor e prazer provenientes da especificidade da prática cultural. Ao contrário, meu alvo é o deslindamento das condições e condicionamentos que sacralizam a Arte e o artista e impedem que venham pertencer a todos.

SUMÁRIO

CAPÍTULO 1
A SACRALIZAÇÃO DA ARTE E DO ARTISTA: CONCEITO E FUNDAMENTOS SÓCIO-HISTÓRICOS 21
1.1 O conceito de sacralização da Arte e do artista 21
1.2 Fundamentos sócio históricos da sacralização da Arte e do artista 33

CAPÍTULO 2
O ENSINO DE ARTE NO CONTEXTO DA EDUCAÇÃO BRASILEIRA: ASPECTOS E IMPLICAÇÕES DA SACRALIZAÇÃO 53
2.1 Breve visão da Arte na Educação Brasileira: o viés da sacralização 53
2.2 A proposta triangular e a (des)sacralização da Arte e do artista 69

CAPÍTULO 3
O ENSINO DE ARTE E A SACRALIZAÇÃO DA ARTE E DO ARTISTA: ENTRE LUZES E SOMBRAS 79
3.1 O ensino de Arte: função do docente e processos de formação profissional 79
3.1.1 O pedagogo e a prática docente em Arte: omissão, banalização ou familiarização? 81
3.1.2 O licenciado em Arte e a prática docente: impasses e desafios 88
3.2 Arte, artista e sacralização: os ditos e os feitos da prática docente em Arte 93
3.2.1 Concepções de Arte e artista 95
3.2.2 Os artistas e as obras canonizadas pela cultura 97
3.2.3 A questão do dom, do elitismo no acesso e fruição dos bens artísticos e sua possível presença no ensino de Arte 99

CAPÍTULO 4
REVENDO MITOS E DESAFIOS 105
4.1 A apreciação artística como experiência estética: entre os nós da sacralização da Arte e do artista 105
4.2 Revendo mitos e desafios: o papel da educação 113

CONSIDERAÇÕES FINAIS 131

REFERÊNCIAS 137

CAPÍTULO 1

A SACRALIZAÇÃO DA ARTE E DO ARTISTA: CONCEITO E FUNDAMENTOS SÓCIO-HISTÓRICOS

O exame das relações entre cultura e poder precisa forçosamente contornar ou rejeitar alguns lugares comuns bem enraizados

José Carlos Duran

Neste primeiro capítulo, procuro esclarecer o conceito de sacralização da Arte e do artista. Assim, busco na teoria crítica, mais especificamente em Walter Benjamin, e na Sociologia da cultura, apoiando-me em Pierre Bourdieu, o aporte teórico para tal construção. Feitas as considerações iniciais sobre a questão central, apresento o conceito com suas contradições e possíveis ramificações. Em seguida, procuro na literatura da história social da Arte e da cultura reconstruir a gênese do objeto sacralização, como forma de compreendê-lo de maneira mais radical, no sentido de ir à raiz da problemática desta investigação. Dessa maneira, este capítulo, constitui o cerne da fundamentação teórica da presente obra.

1.1 O conceito de sacralização da Arte e do artista

A palavra sacralização vem de sacra, relativa às coisas sagradas, sacras. Sacralização, por sua vez, tem como terminação o sufixo ação, que evidencia processo, ação intencional com vista à transformação de algo. Assim, o termo sacralização refere-se ao processo, à ação de converter em sagrado, de consagrar.

Quase tão antiga quanto o próprio homem, a sacralização surge com a necessidade que este demonstra de se ligar ao divino, sobrenatural e místico. Desde sua gênese, tudo o que se vincula ao sagrado começa já muito cedo a impor certas noções fundamentais, produto e condição do processo de sacralização: o privilégio e o elitismo. Estas são, pois, as faces constitutivas da sacralização. Para ser mais incisiva, a sacralização estabelece com essas facetas uma relação simbiótica à medida que torna os conhecimentos artísticos e a prática cultural desnecessários às camadas populares e um privilégio dos poucos eleitos e naturalmente dotados para esses fins. O privilégio e o elitismo na Arte são conceitos distintos, contudo são condição e produto do funcionamento de uma rede complexa de relações que sacraliza a Arte e o artista.

A sacralização é aqui considerada em dois grandes eixos: a **sacralização da Arte** que se refere à obra de arte eterna e intocável, ao elitismo no acesso e fruição artística e a **sacralização do artista** que diz respeito à mistificação da atividade criadora e a existência de uma distância em relação ao artista e seu público.

A sacralização de que falo encontrou referência na Idade Média, palco ideal de todos os ingredientes que a tornaram mais perspicaz, totalizadora e emblemática da relação do público com a Arte e o artista. Dessa forma, o termo sacralização designa o conjunto dos questionamentos percebidos na lida docente cotidiana e baseia-se na leitura e nas semelhanças que encontrei entre a sacralização vigente na Idade Média e a empreendida no campo da Arte.

Nos diversos momentos históricos e com mais ênfase na Idade Média, o sagrado tem, em seu bojo constitutivo, as noções de absoluto, intocável, místico e incompreensível como eixo identitário de todas as esferas da vida. Nesse contexto, a grande maioria das pessoas era fadada a absorver uma religiosidade imposta em obediência inquestionável aos dogmas sagrados, em uma relação de respeito profundo e irrefletido. Embora as catedrais estivessem abertas, os conhecimentos que ali figuravam estavam interditos à plebe, à medida que sua compreensão se dava de maneira parcial e manipulada. Ao clero restava guardar as verdades ameaçadoras do *status* social vigente e alimentar a crença na mística inacessibilidade do universo sagrado.

De maneira semelhante à sacralização desenvolvida no período medieval, a sacralização da Arte e do artista também apresenta todas essas noções – mostra-se absoluta em seus valores e consagrações, intocável à grande maioria das pessoas, permeada pela noção mística de dom no que tange à apreciação e criação artística e incompreensível a reles profanos mortais. Assim, a grande maioria das pessoas trava com a Arte a mesma relação de respeito infundado e irrefletido que ora mantiveram (ou ainda mantém) com a religiosidade – totalmente desprovida das infinitas possibilidades de recriação de significados estimulada pelo caráter polissêmico da obra de arte.

Hoje os museus, galerias de Arte e outros espaços de cultura – igualmente abertos e de livre acesso como as catedrais na Idade Média – encontram-se inacessíveis a maior parte da população que, desprovida dos códigos de leitura, vê-se impossibilitada de investir na prática cultural. Resta aos detentores estatuários das boas maneiras, aos homens egrégios da cultura erudita revestir com a aparência de natural o que conquistaram como resultado de uma aprendizagem sistematizada, ocultando as condições sociais de apropriação dos bens artísticos e emprestando à Arte as mesmas noções irrevogáveis e inacessíveis do mundo divino, ou seja, sacralizando-a.

A sacralização da Arte e do artista embora não seja um dos temas mais estudados da Sociologia da Arte ou da cultura, diferentemente de outros, tornou-se uma ideia tão natural que goza de certa homogeneidade e difusão, tanto entre o público especializado quanto nos meios desprovidos de maior acesso à Arte. Esse conceito é fortemente expresso pelo caráter elitista e privilegiado que se confere à atividade artística e, por extensão, ao próprio artista e sua obra.

Embora sejam aspectos distintos, o elitismo e o privilégio são os dois grandes vetores do processo de sacralização. Sem eles a sacralização não pode operar a *illusio*, a crença no valor da obra de arte, de certas assinaturas. Ao tornar o conhecimento artístico privilégio das elites e de alguns eleitos pela natureza para esses fins, impõe-se uma lógica cíclica em que o capital cultural vai para o capital cultural, ou seja, se estabelece uma lógica em que os produtos artísticos, sua posse e apreciação, são naturalizados como criação da elite cultural e se destinam a essa mesma elite (BOURDIEU, 2003).

O mito do gênio criador e da obra-prima eterna e intocável são ingredientes fundamentais da construção de um recinto "sagrado", que protege esse pequeno mundo da curiosidade "profanadora". Essa sacralização, longe de ser gratuita, é fruto de um longo e complexo processo que instituiu, no decorrer da história, uma rede de privilégios, "que assegura e recompensa a familiaridade de alguns com a Arte e com o mundo da Arte" (DURAND, 1989, p. 5). A sedimentação de tais concepções encontrou terreno fértil para sua hegemonia e prolongamento no século XVIII, mais propriamente no Movimento Romântico que buscava conferir ao artista e seu refúgio em ateliês, algo de idílico, nostálgico, superior e sobrenatural (HAUSER, 1998).

Para compreender melhor a lógica que rege o processo de sacralização da Arte e do artista, duas categorias da Sociologia da cultura, definidas por Pierre Bourdieu, são muito caras: *campo e habitus*. Um campo pode ser considerado como um mercado composto por agentes que aderem ao jogo específico daquele campo. Ele pode ser definido como uma complexa rede de relações objetivas entre posições. Essas posições podem ser concebidas como produtores e consumidores de bens daquele mercado. O campo é entendido como espaço de luta concorrencial entre os atores, que disputam legitimidade, poder, status em uma determinada área que possui regras e estratégias previamente estabelecidas.

No caso do campo artístico, além dos produtores e consumidores de Arte, uma copiosa rede de relações trabalha para fabricar a crença no valor de determinados produtos artísticos e de seus produtores. Essa rede de relações é movida por uma *illusio* que consiste em executar as tarefas de definir que tipo de Arte produzirá e quem a produzirá, para quem e quem a disseminará. Atuam, nesse contexto, *marchands*, críticos de Arte, artistas, o público iniciado, curadores, galerias, museus, conservatórios que praticam a *illusio* como condição para entrada, permanência e existência do e no campo.

O *habitus*, por sua vez, é outra categoria central na Sociologia de Pierre Bourdieu e nessa obra. O *habitus* é um condicionamento associado ao pertencimento a certo campo social, exterioriza uma série de comportamentos e atitudes que perpetuam as relações objetivas entre as classes. Ele é simultaneamente a grade de leitura pela qual se percebe e se julga a realidade e o produtor de nossas práticas. Sua lógica é a da reprodução social e do princípio de conservação, contudo pode tornar-se também um mecanismo de invenção e, consequentemente de mudança.

Uma das funções da noção de *habitus* é explicar certo estilo de práticas e bens de uma classe singular de agentes. Assim, se traduz em um princípio gerador e unificador de condutas humanas, em uma espécie de senso prático do que deve ser feito em cada situação. São estruturas estruturadas estruturantes e duradouras, capazes de constituir esquemas de percepção e ação adequados a determinado campo (BOUDIEU, 1996).

O conceito de sacralização implica diretamente a compreensão do campo artístico e de como esse campo opera para transmitir aos seus agentes certos condicionamentos, sob a aparência do natural, e excluir a grande maioria da experiência estética, baseando-se no forte argumento de que educação é algo inato.

Segundo Bourdieu (1996), as categorias de pensamento que são utilizadas espontaneamente e aceitas sem maiores questionamentos marcam diversos campos da sociedade. No campo da produção artística, os próprios autores, em grande parte, aderem a um discurso que naturaliza a ideologia dominante com afirmações etnocêntricas e mistificadoras.

Um exemplo é a entrevista ao programa do Jô Soares concedida pela cantora Gal Costa, que afirmou que o artista já vinha "pronto" com a "missão" e o "dom" de ser artista. Tal depoimento ganhou eco nas notas de admiração estarrecida do apresentador perante o "sobrenatural talento" de sua encantadora e mágica interpretação. Embora seja uma observação tão comum e corriqueira quanto costumeiramente aceita, o admirável é que tais declarações tenham partido de dois músicos que conhecem o martírio e o árduo esforço empreendidos no processo de aprendizagem e de criação artística.

Longe de ser um discurso restrito, a naturalização de que gozam essas ideias é tão grande que quase ninguém, seja letrado ou analfabeto, se dedica a desatar os nós que convencionam o "refúgio sacrossanto" da Arte e das coisas às quais ela se relaciona. A exceção vira regra, ou seja, o direito se torna privilégio. A Arte e toda a possibilidade de criação como construção humana, deveriam estender-se ao conjunto da vida, no entanto são conformadas em um discurso cristalizado que consolida a regalia de poucos. Bourdieu (1996) sustenta que a rede de relações capaz de assegurar a crença no valor da obra e no valor do artista cria a sensação de que a maioria das pessoas está "à margem" desse universo "sagrado" e impossível de ser alcançado por pessoas comuns.

Outros campos, à semelhança do artístico, também trabalham arduamente para consagrar seus agentes, contudo nenhum consegue impor-se tão amparado na ideologia do dom e na naturalização das diferenças. Sociólogos, cientistas de todos os campos e de outras categorias profissionais têm na aquisição sistemática de conhecimentos a condição e justificativa de seu *status* social. O mesmo não ocorre no universo da Arte. Desse modo, a plenitude do exercício da competência estética seria privilégio de alguns poucos eleitos por contarem com um dom da natureza e nada teria a ver com o berço e a escolarização, o dinheiro, poder ou como resultado de um aprendizado formal. É essa a faceta da sacralização mais perversa, pois justifica e ainda impede o amplo acesso à obra de arte. Como lutar contra concepções sacras que se apoiam em aptidões sobrenaturais para explicar a posse das chaves da leitura e da produção artística?

Tais noções contribuem decisivamente para o desconhecimento da função político-social da criação artística, fato que se expressa pelo lugar desprivilegiado e pequeno que tal área de conhecimento ocupa na hierarquia das disciplinas e que, de igual modo, pode ser identificado nos clichês críticos com que, de hábito, são rotuladas as coisas da Arte e da cultura. Essas posturas perpetuam noções equivocadas quanto a essa atividade e colaboram decisivamente para a manutenção da grande distância que se estabeleceu entre o público e a Arte (SANTAELLA, 1995). Dessa forma, a luta contra as frações dominantes, não é promovida, nem se melhora o acesso ao capital cultural e à percepção das regras às quais se obedece quase que cegamente, nem tampouco há colaboração na luta coletiva pelo direito ao acesso e fruição da Arte como constituída e constituinte do ser humano.

O fruto dessa visão traz o dissabor da negação do direito a desfrutar do potencial político-histórico das criações artísticas, com a desculpa de que ao povo o estético não faz falta e que tudo o que não é "popular", é elitista e desnecessário (SANTAELLA, 1995). Achar que o povo sempre foi desinteressado pelo mundo da Arte e da cultura é achar que a distância sempre existiu e, portanto, a sacralização é natural. Um rápido passeio histórico nos remete a tempos, não tão remotos, como as sociedades pré-industriais, em que os camponeses aprendiam técnicas de pintura, escultura e música nas relações de família e comunidade (ENGUITA, 1989). A compreensão dos modos pelos quais esta realidade se consolidou é fundamental ao enfrentamento dos desafios e mitos impostos pela sacralização da Arte e do artista.

É necessário esclarecer que o processo de sacralização não decorreu de uma evolução histórica linear e sim de um complexo jogo de relações no campo específico da Arte. Nesse sentido, Bourdieu, empreende uma análise profunda de como essa rede de relações atua no cerceamento do acesso à Arte e na manutenção de privilégios.

> Cada campo (religioso, artístico, científico, econômico etc.), através da forma particular de regulação das práticas e das representações que impõe, oferece aos agentes uma forma legítima de realização de seus desejos, baseada em uma forma particular de *illusio*. É uma relação entre o sistema de disposições, produzidos na totalidade ou em parte pela estrutura e o funcionamento do campo, e o sistema de potencialidades objetivas oferecidas pelo campo que se define em cada caso o

> sistema das satisfações (realmente) desejáveis e se engendram, as estratégias razoáveis exigidas pela lógica imanente do jogo (que podem estar acompanhadas ou não de uma representação explícita do jogo). [...] a crença coletiva no jogo (*illusio*) e no valor sagrado de suas apostas, é a um só tempo a condição e o produto do funcionamento mesmo do jogo; é ela que está no princípio do poder de consagração que permite aos artistas consagrados constituir certos produtos, pelo milagre da assinatura (ou da *grife*), em objetos sagrados (BOURDIEU, 1996, p. 259 e 260).

Bourdieu deixa clara a necessidade de afastar o discurso da *illusio* e suspender a relação de cumplicidade e conivência que assimilam distância e mistificação ao universo da Arte. Esse afastamento não implica ignorar ou esquecer que a *illusio* faz parte da realidade, mas, sobretudo, compreendê-la a ponto de reconstruir e ressignificar os fundamentos da criação artística.

Para Bourdieu (1996), cada campo social, incluindo aí o artístico, impõe aos agentes uma forma particular de regulação das práticas e representações, baseada em uma forma particular de *illusio*. A *illusio* é condição e produto do funcionamento do jogo, ela materializa uma crença coletiva no poder e no valor sagrado de suas apostas. No caso do campo artístico, isso se manifesta pela crença coletiva no valor da obra e do artista e permite aos artistas consagrados constituir certos objetos pelo simples milagre da assinatura. Ela é fruto de uma rede de relações que consagra e mistifica a obra de arte e o artista, ao mesmo tempo em que cerceia e impede o contato da grande maioria das pessoas com a Arte e o mundo da Arte.

Já Walter Benjamim, em seu texto "O autor como produtor", de 1934, busca extirpar do artista toda a mística criadora e toda aura de mistério em torno do ato de criação ao concebê-lo como um trabalhador radicado em uma realidade material com recursos e técnicas determinados à disposição. O que Benjamim quer dizer, segundo Santaella (1995), é que quando se trata de discutir problemas relativos ao estético e os valores sagrados começam sorrateiramente a insinuar, subitamente o caráter de historicidade e concreção das produções humanas fica abalado e se esvai em discursos abstratos e nebulosos. Assim o espectador/leitor/apreciador perde a possibilidade de ser colaborador e partícipe no significado das obras, que permanecem encobertas pelo manto dos valores sagrados e imutáveis.

Embora esses autores não tenham cunhado o termo "sacralização", reconhecem a existência de privilégios que cerceiam a maioria das pessoas do contato com a Arte e conferem um caráter elitista às atividades criadoras. Igualmente consideram que a rede de relações consagradora e mistificadora da obra de arte e o artista é, a um só tempo, condição e produto dessas relações. Valendo-me da leitura desses autores, e aliada ao confronto com minha prática docente e de pesquisadora, é que julgo apropriada a criação/uso da categoria sacralização, considerada em suas faces constitutivas, quais sejam: a face do elitismo e a face do privilégio, pois, para se fazer mais incisiva, a sacralização se apoia nessas faces à medida que, torna os conhecimentos artísticos e a prática cultural desnecessária às camadas populares e como um privilégio dos poucos eleitos e naturalmente dotados para esses fins. O privilégio e o elitismo na Arte são conceitos distintos, contudo são condição e produto do funcionamento de uma rede complexa de relações.

Ao questionar a sacralização da Arte e do artista não estou querendo despir a prática cultural de um tipo de magia que lhe é inerente – como a magia suscitada pelo processo criativo, pela experiência estética crítica e arrebatadora, orgástica – capaz de propiciar ao homem sensações que não obterá em outras atividades. Ao contrário, é pela crença de que tais atividades e sensações são a essência da humanização que considero necessário questionar essa sacralização.

É imprescindível ressaltar que a sacralização engendra profundas contradições. No que tange ao artista, se por um lado eleva seu *status* (ou pelo menos de certo grupo de artistas), conferindo-lhe prestígio, reconhecimento de seu poder criativo e honrarias nunca vistas antes, por outro lado, gesta elementos de fraqueza, à medida em que reveste a atividade criadora com a roupagem do elitismo, o que contribui massivamente para um afastamento cada vez maior do grande público em relação à Arte.

Aliada ao elitismo, a própria noção de talento artístico, dom sobrenatural e a imposição da ideia de gênio como consubstanciação de energia e espontaneidade (HAUSER, 1998) afetam diretamente a possibilidade de desfrutar do potencial político-social das criações artísticas. Isso é notório quando se propõem apreciações/produções/reflexões estéticas. A grande maioria das pessoas – acostumada que está a conceber a atividade criadora e apreciadora como coisa de gênios ou da elite iniciada – acha-se incapaz de participar de um processo criador ou ainda de recriar os significados daquilo que vê, ouve e pronuncia.

A concepção de artista como gênio intocável, amplamente difundida e sedimentada na Renascença, garantiu sua supremacia relativamente ao artesão e sua importância como personalidade. Igualmente colaborou para a mistificação da atividade criadora como manifestação de genialidade e, portanto, não acessível a maior parte das pessoas.

Já em relação à obra de arte há um grande reconhecimento, por vezes quase canônico, de certos objetos artísticos. Estes, além de se configurarem objeto de culto, ainda constituem rentáveis (e por que não dizer bilionários?) investimentos. Segundo Santaella (1995), a elite opera uma apropriação econômico-político e ideológica dessas produções e impõe a ilusão de que tenham, por princípio, nascido para as classes dominantes. A Arte, e toda a possibilidade de criação como construção humana deveria estender-se ao conjunto da vida; no entanto, é conformada em um discurso cristalizado que a legitima como prerrogativa de poucos.

> Nessa medida, não só os produtos artísticos se tornam acessíveis a poucos, mas também a leitura que deles se faz já vem agrilhoada aos inquestionáveis valores estéticos através dos quais os dominantes perpetuam sua opressão cultural sobre os dominados. Conclusão: atirar pedras precipitadamente sobre os produtos artísticos, taxando-os, em si, de elitistas, parece não apenas simplista, como também significa colocar as pedras do jogo hegemônico exatamente no lugar em que se espera que sejam colocadas (SANTAELLA, 1995, p. 20).

O admirável de todo esse processo é que comumente os membros da esquerda se engajam nesse discurso e promovem debates acalorados na crença de que estão defendendo os interesses das camadas sociais desprivilegiadas (ROUANET, 1987). A velha frase "na barriga do pobre, letrinhas de macarrão é que fazem poesia" é citada como que para impor a inquestionável urgência de suprir as necessidades materiais em detrimento das necessidades espirituais. Nesse discurso, é possível identificar, ainda, a concepção reducionista que relega o povo ao rótulo de inculto e desinteressado das coisas da cultura, até porque estas não lhe seriam essenciais.

Na lista de contradições, pode-se perceber, ainda, que a mesma sacralização que confere qualidade de objeto de culto, eterno e intocável a certas criações artísticas, também as torna artigo de luxo, privilégio para poucos e felizes, um acessório da cultura, um "babado", portanto, desnecessário. Assim, se ela é destinada às elites, então é coisa para endinheirados que possuem tempo suficiente para se desvencilhar da luta pela subsistência material e dedicar-se a esses onerosos passatempos.

Dessa maneira, é possível perceber que a sacralização encerra, ao mesmo tempo, forças e fraquezas, conquistas e perdas, privilégios e exclusões, uniões e afastamentos, valoração e desvalorização. Sua força induz à crença de que a Arte é o ápice da cultura, portanto cultura erudita, patrimônio da humanidade, expressão máxima da sensibilidade e criatividade humanas. Concomitantemente produz sua fraqueza, tornando-a oposta à cultura popular e consequentemente não destinada às camadas populares. A democratização do acesso aos bens artísticos, portanto, fica diretamente prejudicada, materializando-se no impedimento de que o grande público desfrute "de uma estética resultante e auto constituidora do próprio humano" (PEIXOTO, 2003, p. 23).

Rouanet (1987) também se dedica a desatar os nós que convencionam a Arte e as coisas às quais ela se relaciona em um refúgio sagrado. A isso, que ele denomina *novo irracionalismo,* associam-se outras posturas que perpetuam os equívocos do elitismo. Em nome de uma cultura genuinamente nacional e popular exige-se passaporte e atestado de naturalização, como se a inteligência tivesse pátria. Esse movimento, que ele denomina anticolonialismo, desconsidera a probabilidade de a cultura ser autêntica ou alienada independente de sua localização geográfica. O que torna uma cultura significativa ou não para determinado povo é a sua qualidade estética, ou seja, uma Arte mais elaborada é necessária em qualquer país, ao passo que a alienação e domesticação, presentes na indústria cultural, são desprezíveis independente de sua origem. Assim, "se a cultura é verdadeiramente universal, ela é *ipso facto* brasileira: Mozart é tão relevante para o Brasil como se tivesse nascido na ilha de Marajó, e Silvio Santos é tão irrelevante como se tivesse nascido em Reikjavik." (ROUANET, 1987, p. 127).

Essa crença pode ser identificada na tendência que algumas escolas demonstram para trabalhar somente a cultura local, ressaltando os grandes vultos da pátria e os conhecimentos folclóricos, como se fosse possível se aproximar de uma cultura elaborada pelo mero desprezo do que é estrangeiro. Como se ao enterrar a cabeça no chão fosse possível garantir um mergulho na própria cultura de forma a despoluir a mente das contaminadoras influências internacionais.

Esse discurso é tão antigo e igualmente passível de ser superado que o movimento antropofágico, pós semana de 1922, já defendia a possibilidade de selecionar o que havia de válido e bom na cultura estrangeira e reelaborar à luz da cultura e dos valores locais. Esse fato é emblemático na leitura (ou pelo menos em uma das muitas leituras possíveis) que se pode fazer da obra de Tarsila do Amaral, o *Abaporu*. No sentido da antropofagia, o homem que come, só devorava aqueles a quem admirava, como em uma tentativa de conseguir por esse ato a posse de seus conhecimentos e poderes.

A própria poética visual de Tarsila é um exemplo bem-sucedido de como é possível assimilar/aprender com a cultura estrangeira, sem com isso distanciar-se dos valores nacionais. A artista, que foi aluna de Lerger, escancara em suas obras a grande influência desse pintor – a forma arredondada, as cores fortes, a ocupação dos planos, o estilo pictórico; contudo, foi capaz de conservar e recriar esse aprendizado em obras que refletiam preocupações regionais.

Rouanet (1987) enfatiza uma outra consequência do novo irracionalismo: o antielitismo. Essa tendência produz o efeito de desqualificar a cultura superior, ou erudita. O mecanismo seria tomar esta cultura como ameaça à cultura popular, como se o contato do povo com uma Arte mais elaborada provocasse a perda da pureza e características originais dessa Arte. O que ameaça a cultura popular não é a alta cultura e sim a indústria cultural, que se apossa de elementos da cultura popular, reelaborando-os de forma rasa e alienante. Segundo Santaella (1995), como forma de dominação e subserviência, as classes dominantes mascaram os produtos artísticos e acobertam as influências populares e não ocidentais de várias produções culturais que reclamam para si. Como exemplo disso, podem ser mencionados vários artistas que beberam nas fontes da cultura popular: Pieter Bruegel, Van Gogh, Picasso, Gauguin, Mozart, Villa Lobos, Tarsila do Amaral, Portinari, enfim, a lista poderia se estender longamente.

> [...] a alta cultura e a cultura popular são as duas metades de uma totalidade cindida, que só poderá recompor-se na linha de fuga de uma utopia tendencial. No meio tempo, elas têm de manter-se em sua autonomia, pois seria tão bárbaro abolir a cultura popular, onde habita a memória da injustiça como abolir a alta cultura, onde habita a promessa da reconciliação. É nela que lateja a esperança de um futuro além das classes e é nela, quer se queira ou não, que estão contidas as grades de análise e as categorias teóricas que permitem articular uma prática libertadora. Atacar a alta cultura, em nome da cultura popular, significa avolumar o caudal de um antiintelectualismo suicida, que tornará mais incerta essa luta emancipatória (ROUANET, 1987, p. 130).

Desse modo, não é a cultura erudita que ameaça as massas e a cultura popular que por ventura venha a ser construída em seu seio, todavia é a cultura de massas a grande ameaça ao desenvolvimento e contato com uma cultura rica, complexa e igualmente emancipatória. Cultura popular e cultura erudita devem e precisam ser ensinadas e revigoradas mediante um contato crítico e a democratização do acesso.

Consoante esses autores que reconhecem a sacralização como uma produção histórico-social de uma rede de relações que consagra e mistifica a obra de arte e o artista, exponho o recorte eleito na produção dessa obra. Compreendendo que o cerne desse problema engendra inúmeras ramificações e implicações para a educação é que ouso concebê-lo de forma ampliada. Assim, ao longo desse estudo, passo a utilizar a sacralização, como fruto de um processo histórico-social de uma rede de relações que consagra e mistifica a obra de arte e o artista, ao mesmo tempo em que assegura e recompensa a familiaridade de alguns com a Arte e o mundo da Arte. Esse processo dificulta a democratização do acesso aos bens artísticos e mistifica a atividade criadora, gerando contraditoriamente, sua subtração do conjunto da vida.

Ao longo da história do homem a Arte e as coisas às quais ela se relaciona foram se refugiando a círculos cada vez mais fechados. Isso se evidencia pela própria evolução da atividade criadora. Do interior das cavernas, na Pré-história, aos requintados salões de Arte, da Era Moderna, houve um longo percurso em que a Arte e o artista se distanciaram do grande público (HAUSER, 1998). Se antes, no Paleolítico as criações eram continuidade direta da realidade, de autoria anônima e apreciação livre a qualquer pessoa, ainda no neolítico com a especialização do trabalho artístico, é possível perceber que o artista se sobressai da massa indiferenciada como possuidor de dotes especiais e precursor da classe sacerdotal que "[...] reivindicará ulteriormente ser detentora não só de aptidões e conhecimentos excepcionais, mas também de uma espécie de carisma que a isenta de todo o trabalho ordinário" (HAUSER, 1998, p. 19).

Embora de maneira tímida, é possível perceber que além da origem de privilégios há o germe que faria oposição entre a Arte e as atividades produtivas, entre lazer e trabalho, entre prazer estético e luta pela sobrevivência material, entre uma grande maioria excluída e uma pequena minoria digna das alegrias estéticas. Fruto de um longo e complexo processo sócio histórico, essas noções ganham maior legitimidade na Era Moderna. É nesse momento que as noções de gênio e dom sobrenatural como consubstanciação de energia e espontaneidade se cristalizam na figura do artista. As obras de arte, por sua vez, figuram temas cada vez mais restritos ao círculo dos eruditos e não se colocam com a mesma facilidade de outrora à apreciação do grande público. Alia-se a esses fatores a implementação de museus, salões de Arte, coleções particulares e galerias que se constituiriam em emblema do refúgio sacrossanto a que se submeteram as obras de arte.

Hoje pouco se questiona o elitismo conferido à atividade criadora e à concepção consagrada e mistificante em torno da figura da Arte e do artista. O mito do gênio criador e a noção da obra de arte, eterna e intocável, como consubstanciação de dons sobrenaturais, são os ingredientes manipulados pela elite para criar a sensação de que a maioria das pessoas está à margem desse universo sagrado (DURAND, 1989).

Diante de tal conceito e seus desdobramentos, já é possível perceber a necessidade e a urgência da realização de uma análise mais profunda da sacralização, a fim de compreender em que medida "a familiaridade nos impede de ver tudo o que se esconde em atos na aparência puramente técnicos utilizados pela instituição escolar" (BOURDIEU, 1996, p. 38). Assim, é objetivo deste capítulo contribuir para o entendimento da gênese da sacralização da Arte e do artista e de seu processo de consolidação – como produção histórico-social de uma rede de relações que consagra e mistifica a obra de arte, o artista e a atividade criadora. Para isso convido o leitor a um rápido passeio histórico, que se fará entreluzir por breves comentários, com o intuito de promover e alicerçar essa compreensão.

1.2 Fundamentos sócio históricos da sacralização da Arte e do artista

Não é muito vasto o acervo bibliográfico que trata da história social da Arte e da cultura. Mais comuns são os volumes que analisam as especificidades dos elementos visuais e musicais presentes na Arte em seus diversos momentos históricos e estilísticos. Embora essa compreensão seja igualmente importante, a tarefa proposta aqui precisa se pautar na investigação do papel desempenhado pela Arte e o artista em cada momento histórico, o que não é tarefa das mais fáceis. Só assim se descobrirá os elementos que consolidaram essa ambiguidade na Arte, e que, por um lado, a sacraliza e, por outro, a torna um elemento desnecessário.

Segundo Hauser (1998), o homem pré-histórico descobriu na Arte um grande aliado na luta pela sobrevivência. Em sua maioria, esses caçadores improdutivos buscavam nas pinturas e gravuras, em cavernas, um meio para a obtenção de alimentos. Sem mistério algum, o aparato técnico usado em tal procedimento tinha tão pouco a ver com misticismo quanto armar ratoeiras ou adubar um terreno, pois as pinturas representavam para o artista paleolítico a continuação direta da realidade comum, ou seja, desenhar bisões em um livro e fechá-lo seria a ação responsável por seu desaparecimento na vida real.

No período neolítico, a representação pictórica evoluiu para além da imitação e passa a ser desenvolvida em mais duas formas básicas: a informativa e a decorativa. O artista, nesse contexto, especializou-se mais, sendo, ao que parece, o primeiro representante da especialização e da divisão do trabalho. Segundo Janson e Janson (1996), o requinte técnico era cada vez maior e seus registros não são tão ricos em virtude do fato de que o artista neolítico trabalhou com materiais perecíveis. Já, nesse ínterim, ele sobressaiu-se da massa indiferenciada como possuidor de dotes especiais e precursor da classe sacerdotal "[...] a qual reivindicará ulteriormente ser detentora não só de aptidões e conhecimentos excepcionais, mas também de uma espécie de carisma que a isenta de todo o trabalho ordinário" (HAUSER, 1998, p. 19).

Com essa compreensão, é possível perceber que a gênese da sacralização é quase tão remota quanto o próprio homem. Ao buscar para si e para sua Arte privilégios e distinções, o artista neolítico já intentava libertar-se das atividades corriqueiras e colocar-se em posição acima da grande maioria das pessoas. Embora a obra de arte ainda permanecesse sem autoria, de alguma maneira, seu autor e essa sociedade, já eram capazes de ostentar o luxo de um especialista. Além da tímida, porém perceptível origem de privilégios, pode-se notar também o germe que faria oposição entre a Arte e as atividades produtivas, entre o lazer e o trabalho, entre uma grande maioria excluída e uma pequena minoria digna das alegrias estéticas.

O fim do neolítico foi marcado por muitas transições: do mero consumo para a produção, do primitivo individualismo para a cooperação, pelo advento do comércio, das manufaturas, das cidades e mercados. Mas, principalmente, é a invenção da escrita que diferencia as sociedades históricas das pré-históricas (JANSON; JANSON, 1996). Essa invenção foi indispensável à origem das culturas urbanas do Oriente Antigo. Assim, o criador de imagens deixou de ser o inspirador mágico ou trabalhador do

A SACRALIZAÇÃO DA ARTE E DO ARTISTA

lar para converter-se no profissional artista, que produzia para uma elite exigente e experimentada. Posto a trabalhar sob grande pressão, o artista desse período poderia até receber honrarias sociais como as de alto funcionário da corte, mas, de modo geral, permanecia como artífice anônimo "apreciado quando muito nessa condição e não como personalidade em si" (HAUSER, 1998, p. 31).

O contraditório nesse período é que, embora se dedicasse à corte, não era considerado como seu integrante, ao mesmo tempo em que oriundo das classes populares, também não se reconhecia nela nem por ela era reconhecido.

> Os artesãos e artistas do palácio e do templo vieram do povo, é certo, mas, como produtores de Arte para a classe superior, praticamente nada tinham em comum com as concepções de sua própria classe social. O povo comum, excluído dos privilégios da propriedade e do poder, já não pode ser incluído entre o público interessado em Arte nos despotismos do Oriente Antigo – de fato, ainda menos do que em épocas subsequentes da história (HAUSER, 1998, p. 43).

Pela análise até aqui expedida, é possível estabelecer que enquanto a sociedade se organizava – definindo hierarquia e privilégios, evoluindo na forma de buscar condições de sobrevivência material, ordenando-se política e economicamente – firmavam-se os contornos que tornavam ora Arte, ora o artista, ou ambos, mais distantes, mais excludentes, mais sacralizados em relação às massas. No período em foco, a divisão foi mais rígida: não havia Arte popular ou pelo menos registros que contassem dessas manifestações. Tanto o povo, quanto a classe intermediária se viram alijados do mundo da Arte e da cultura. Se boa parte dos historiadores de Arte afirma que o Oriente Antigo possuía uma Arte para os mortos – que externava o desejo de eternidade e permanência dos nobres por meio de pirâmides, sarcófagos e tumbas – é bem verdade que às classes socialmente desprivilegiadas restava enterrar seus falecidos na areia, sem erigir qualquer tipo de memorial (HAUSER, 1998).

Já na Antiguidade, institui-se uma lógica que daí por diante ganharia contornos cada vez mais brutais. O abismo entre uma Arte mais elaborada e o público, o direito a fruir esteticamente os objetos criados e de experimentar o próprio potencial criativo foram relegados a um segundo plano, pois, uma vez que no primeiro plano estava o compromisso com as coisas sérias e urgentes ligadas diretamente à sobrevivência material, não havia para os escravos espaço para esse luxo desnecessário.

Caracterizadas as demandas e atribuições sociais da Arte e do artista nas civilizações urbanas do Oriente Antigo, debruço-me agora sobre as civilizações grega e romana. É nesse momento que aparecem as primeiras obras assinadas e "entra em cena um tipo de homem até então praticamente desconhecido: o artista como personalidade marcadamente individual" (HAUSER, 1998, p. 73). Apesar de gozar de um relativo prestígio no período neolítico e receber honrarias dignas de um alto funcionário da corte no Oriente Antigo, é o berço greco-romano que melhor embala a figura de um artista que gozará de crescentes e distintivos privilégios a partir desse período até os dias de hoje.

A compreensão do artista e da Arte em moldes mais livres de dogmas e preconceitos só foi possível porque aqui há uma concepção completamente nova de Arte, que:

> [...] deixou de ser um meio em relação a um fim para tornar-se agora um fim em si mesma. Na origem, toda e qualquer forma de empreendimento espiritual é determinada pelo propósito útil a que serve; tais formas trazem em si a capacidade e a tendência para libertar-se de seus propósitos originais, tornando-se independentes; passam a ser desinteressadas e, em certa medida, autônomas. Logo que o homem se sente seguro e liberto da pressão imediata da luta pela existência, começa jogando com os recursos espirituais que tinha originalmente desenvolvido como armas e ferramentas que o ajudavam em suas necessidades. Começa então a inquirir das causas, a buscar explicações, a pesquisar conexões que pouco ou nada têm a ver com a luta pela vida. O conhecimento prático dá lugar à investigação livre, os meios para dominar a natureza convertem-se em métodos para descobrir a verdade abstrata. E assim a Arte, originalmente uma simples servidora da magia e do ritual, um instrumento de propaganda e panegírico, um meio de influenciar deuses, espíritos e homens, torna-se em certa medida uma atividade pura, autônoma, "desinteressada", praticada por seu valor intrínseco e pela beleza que revela. [...] a emancipação de certos elementos da sociedade para a criação de formas autônomas, isto é, "inúteis" e "improdutivas" é um sinal de riqueza e de um excedente de energia e ociosidade. A Arte só se torna independente da magia e da religião, da instrução e da prática, quando a casta dominante pode dar-se ao luxo de pagar pela produção de uma Arte "sem propósito" (HAUSER,1998, p. 77 e 81).

A SACRALIZAÇÃO DA ARTE E DO ARTISTA

O modo de vida das democracias gregas goza de uma liberdade de dogmas, rígidas tradições e preconceitos sem precedentes. A autonomia diante dos livros sagrados, da hereditariedade reverenciada aliados à investigação filosófica favoreceu sobremaneira o florescimento de uma Arte mundana, dinâmica e impregnada da alegria de viver. Os elementos racionais e práticos na Arte são muito mais importantes do que os irracionais e os místicos. Jaeger (1995) afirma que tudo no mundo grego é expressão de um sentimento vital antropocêntrico e que seu povo é antropoplástico, isto é, toma a figura humana como central em todas as produções, inclusive as artísticas. A própria ideia de formar o homem pela educação, assim como o oleiro dá forma ao barro e o escultor à pedra, só poderia "amadurecer no espírito daquele povo artista e pensador" (JAEGER, 1995, p. 13).

Embora a assinatura em obra de arte seja característica desse período, a noção de gênio ainda é estranha ao mundo antigo. A assinatura apenas representava a semente de um reconhecimento que por hora germinava timidamente e viria a florescer séculos mais tarde. O próprio sentido de criação permanece vinculada ao processo criativo mais como produto do gênio coletivo do que individual. De acordo com Peixoto (2003, p. 6), isso se deve ao fato de que "o espírito cívico não via com bons olhos o auto engrandecimento".

Existe algo que é notadamente a identidade da época greco-romana: o ideal de beleza e de autoconhecimento. Esse aspecto determinou sobremaneira a relação travada entre esse povo tão livre e amante da imaginação criativa e da Arte. Foram eles os responsáveis pela gênese das primeiras coleções de obra de arte. Organizadas por príncipes ou particulares, com direito a cópias para preencher lacunas, essas coleções constituem-se os precursores de nossos museus e galerias de Arte. Emblema do refúgio a que foram submetidas à obra de arte e do acesso restrito à elite, esse "recinto sagrado" dificilmente seria de domínio dos escravos.

De acordo com Hauser (1998), além desses ideais, outro aspecto marca, do começo ao fim, as sociedades Grega e Romana: o pouco prestígio do artista plástico em relação ao poeta ou ao músico. Este último goza de fama e privilégios, ao passo que o artista plástico continua sendo considerado um artesão que vive do próprio salário. A associação entre o trabalho manual e a escravatura também é responsável pela manutenção desses preconceitos. Considerados artistas mudos (pintores e escultores), Jaeger (1995) enfatiza que os verdadeiros representantes da *paideia* eram os poetas e músicos. O mundo antigo venerava as criações, plásticas ou literárias, contudo desprezava o criador. Assim a posição econômica e social dos pintores e escultores permaneceu quase sem alterações, embora suas obras ostentassem o poder e a riqueza de suas cidades.

A mudança na posição do artista só foi notória na época de Alexandre, com a elevação do consumo de obras de arte e sua associação às conquistas militares. Mas, igualmente, aumentou-se primeiro, o *status* do poeta e, depois, gradualmente, o do pintor e escultor. A Arte por sua vez, mesmo celebrando a vida, permanece totalmente ligada à prestigiosa ociosidade e aos cânones estéticos de beleza, perfeição e poderio militar (HAUSER, 1998).

A cultura estética dessa civilização não se aproximava da concepção renascentista e moderna de gênio, mas ainda assim estabelecia uma distância entre o povo/trabalhador comum e o mundo da Arte. Ainda que a *polis* ou as cidades romanas exibissem sua força e vitalidade por meio da Arte, nas ruas e praças, nem por isso sua apreciação estava garantida. Para a grande maioria das pessoas, acorrentadas à luta pela sobrevivência material, a distância perante a Arte era enorme.

Assim a sacralidade, mesmo que nesse momento se mostre parcial, já é suficiente para fazer frutificar concepções maniqueístas que polarizam e dividem os homens em criadores e pessoas comuns, dotados de compreensão estética e desprovidos desta, incluídos e excluídos do mundo da Arte e da cultura. É fato que a exclusão se deu não só no mundo da Arte e da cultura, mas também no que diz respeito ao acesso à educação de qualidade de modo geral. Especificamente no que concerne à Arte, o mundo greco-romano exacerbava o caráter político-militar de sua educação em detrimento do cultivo do espírito e da sensibilidade estética. Se a educação não era para todos, os poucos que a ela tinham acesso estavam igualmente alijados de desfrutar do potencial crítico das produções artísticas.

Contraditoriamente ao folhear qualquer livro sobre o Império Greco-Romano, o que mais se destacará serão as esculturas de seus deuses e conquistas militares. Essas criações foram erigidas por homens considerados menores em seu trabalho, visto ser esta uma atividade de escravos, todavia, foi quase tudo (ou a maior parte) que sobrou para contar dessa civilização.

O fim desse período é marcado pela decadência do Império Romano e pela ascensão do poderio da Igreja. Nesse contexto, a Idade Média rompe com os paradigmas artísticos do Período Clássico e, em seu lugar, legitima uma Arte e um artista a serviço de Deus. O ideal cristão de vida alterou a

A SACRALIZAÇÃO DA ARTE E DO ARTISTA

função social da Arte, que passa a ser vista como uma concessão "às massas ignorantes que tão facilmente são influenciadas por impressões dos sentidos" (HAUSER, 1998, p. 129) e, desta forma, seriam doutrinadas de maneira mais eficaz. A Igreja expressa por meio da Arte sua autoridade absoluta, grandeza sobre-humana e mística inacessibilidade. "Além disso, como consequência da clericalização absoluta da cultura, a Arte deixou de ser vista como um objeto de fruição estética para ser agora considerada uma extensão do serviço divino, uma oferenda votiva e um presente sacrifical" (HAUSER, 1998, p. 188).

Conclamado a trabalhar em grupo para erigir grandiosas catedrais, o artista – fosse escultor, pintor, ourives, arquiteto ou outro profissional afim – convivia em guildas, lojas ou corporações de ofício. Embora o artista, por um lado, estivesse totalmente imerso nos mandos e desmandos da Igreja, por outro lado, estava na mesma proporção, envolto pela fascinação de trabalhar e compartilhar de um salutar processo de criação coletiva, que jamais se repetirá posteriormente. Não é gratuitamente que Le Goff (2003) ressalta que o livro, a universidade, a cidade, o relógio e outros são invenções medievais. Comumente conhecida como Idade das Trevas, a Idade Média, notadamente no período tardio, forjou uma efervescência cultural sem precedentes.

A Idade Média não sacralizou a Arte, contudo usou-a como forma de propagar seus ideais. A Arte desse contexto não gozava de prestígio, e foi esvaziada de sua função de crítica e de rebeldia para encher-se de temas ditados pelo universo clerical. O artista, por sua vez, quando pertencente à classe monástica, poderia até receber reconhecimento e ser sacralizado, na acepção mais radical desse termo. Só que, ainda assim, era a Igreja que designava se haveria ou não atribuições prestigiosas. Evidentemente, que, embora marcado pela subserviência ao clero, o artista buscava de alguma forma distinção social.

> É usualmente uma vontade mais ou menos explícita de distinção social o que explica o prazer do artista no difícil e no complicado, a atração estética de significados ocultos, as associações artificiais, as composições rapsódicas e desconexas, os símbolos cujo significado não são percebidos por algum tempo, mas logo parecem ter inesgotáveis interpretações, a música que é difícil de decorar, "melodias que ninguém sabe no início como irão terminar" – em outras palavras, a atração especial de todas as satisfações e paraísos secretos (HAUSER, 1998, p. 228).

Apesar de cerceado pelo dever de entregar seus serviços à vontade de Deus, o artista, como em outros tempos até aqui narrados, encontrou de uma maneira ou de outra, formas de se destacar da massa homogênea do povo. No período neolítico, foi o precursor da classe sacerdotal; no Antigo Egito recebeu honrarias dignas de membros da corte; nas sociedades grega e romana assinava suas obras e, com exceção de pintores e escultores, os demais artistas gozavam de prestígio cada vez mais crescente; já na sociedade medieval era o prazer pelo difícil e secreto que dava a tônica de distinção e reserva de privilégios.

É necessário esclarecer que o artista sozinho não é o grande vilão deste processo. Para que houvesse toda essa mistificação em sua volta e do processo criativo, bem como a convenção do elitismo na Arte, uma rede de relações trabalhou copiosamente com o intuito de forjar privilégios e dominação. Isso quer dizer que para as classes dominantes a subserviência das massas dar-se-ia de forma mais eficaz se a Arte também estivesse sob seu domínio.

No contexto da Idade Média, todos os esforços empreendidos até esse período podiam garantir ao artista e à Arte uma relativa sacralização. Desde que seu reconhecimento não ameaçasse os ideais medievos de hegemonia cristã e a dominação doutrinária das massas, seu uso e divulgação eram bem-vindos. Dessa forma, o acesso à Arte estava garantido não como fim em si mesmo, mas como meio de propagar a fé cristã.

No que diz respeito à concepção de gênio, não é difícil avaliar como foi possível a conciliação dos ideais de distinção social do artista, com a convivência em lojas, guildas e corporações de ofício. Hauser (1998) esclarece que desde o começo a Idade Média enfatizava não o gênio pessoal do artista, mas a capacidade artesanal envolvida na criação artística. Tais valores foram responsáveis pela manutenção do conceito de gênio em limites relativamente estreitos, mas, sobretudo não interessava à Idade Média que a mística em torno da figura do artista e o sentimento de autoengrandecimento contaminassem as massas.

A Idade Média Tardia, que testemunha a substituição das formas feudais de governo pela maneira burguesa de viver, também revela na Arte as influências dessas mudanças. Se antes as figuras "santas" retratadas nas pinturas e mosaicos estavam sempre representadas contra um fundo místico e irreal, nesse momento a concepção divina, de que todas as coisas independiam do mundo, cede lugar a um poder celeste que age sobre as coisas.

Um tênue, porém, sensível retorno à perfeição, graciosidade e equilíbrio clássicos, pode ser percebido nesse período, que marca a transição para uma Renascença já em fase de anunciação (JANSON; JANSON, 1996). Embora um pouco amalgamados, o fim da Idade Média e o começo da Idade Moderna podem ganhar maior distinção quando se associa o início da segunda com o Movimento Iluminista, à ideia de progresso e à industrialização.

A Arte da Renascença, com seu esteticismo romântico, enfatizou não só o culto do artista e da Arte, mas, sobretudo,

> [...] levou a uma reavaliação de todas as grandes questões da vida, de acordo com padrões estéticos. Toda a realidade se converteu no substrato de uma experiência artística, e a própria vida numa obra de arte, na qual todo e qualquer elemento era meramente um estímulo dos sentidos. [...] a geração que, ébria de beleza e desejosa de disfarce, queria morrer com "folhas de videira nos cabelos" estava mais do que disposta a exaltar a época histórica que se vestia de ouro e púrpura, que convertia a vida num deslumbrante festim, e na qual, como essa nação desejava acreditar, até o povo mais simples se deleitava com entusiasmo na apreciação das mais requintadas obras de arte. É claro que a realidade histórica não se harmonizava com o sonho do esteta, nem com o retrato do super-homem na forma de tirano. A Renascença foi prática e implacável, objetiva e nada romântica; também a esse respeito não foi muito diferente do final da Idade Média (HAUSER, 1989, p. 277 e 278).

Uma sociedade que julga e age com base em cânones estéticos tão fortes só poderia ser o berço de uma exigência amaneirada e receptível aos novos impulsos o que contribuiu decisivamente para o confinamento da Arte a círculos cada vez mais estreitos. Consoante Hauser (1989), as massas populares sequer tomavam conhecimento da existência de muitas obras de arte. Uma avaliação mais específica desse processo de sacralização evidencia que à medida que o povo era cerceado e tolhido no contato com a Arte, o artista, gozava de honrarias antes cedidas somente a príncipes, heróis ou santos. Há uma transferência de atenção das obras para a personalidade do artista, consequência da consciência que os homens começam a ter do poder criativo.

Emblema dessa nova concepção de artista, esse momento é marcado pelas primeiras biografias destes e uma vasta produção de autorretratos. Um exemplo claro de artista moderno, solitário e completamente possuído por seu ideal é Michelangelo, que "sente uma profunda responsabilidade em relação a seus dons e vislumbra um poder superior e sobre-humano em seu próprio gênio artístico" (HAUSER, 1989, p. 337).

> O mundo, cuja glória ele [o artista] tem por tarefa proclamar, proclama agora a glória do artista; o culto de que era o instrumento aplica-se agora a ele próprio; o estado de divino favor é agora transferido de seus clientes e patrocinadores para ele. Sempre havia existido, desde remotos tempos, uma certa reciprocidade entre o herói e o artista que proclamava sua glória, entre o patrocinador e o artista; quanto maior a fama do panegirista, maior era o valor da glória que ele proclamava. Agora, porém, a relação está tão sublimada que o patrocinador é enaltecido pelo próprio ato de enaltecer o artista, e louva o artista em vez de ser louvado por ele (HAUSER, 1998, p. 338).

O elemento fundamentalmente novo na concepção renascentista de Arte é a descoberta do gênio como síntese de energia e espontaneidade, como expressão suprema da natureza do espírito humano e de seu poder sobre a realidade. Todo esforço na legitimação da genialidade do artista não passa de uma luta competitiva, de uma forma de autopromoção (HAUSER, 1998). Historicamente colocados em um limbo – nem povo, nem elite; detentores de um saber especializado, porém cerceados no uso autônomo deste –, viram com a ascensão da burguesia – a nova classe dominante fora da nobreza e do clero que viria a ditar os cânones estéticos – uma ameaça e ao mesmo tempo uma chance de rever sua posição social. Agora a questão era um pouco mais complexa: por um lado representava a mesma possibilidade de ascensão pelos artistas e, por outro, o fado do descenso, já que a nova classe dominante pouco se importava com as coisas da Arte e da cultura. O "remédio", então, era tratar de erguer a classe artística a todo e qualquer custo.

As honrarias dignas de príncipes e santos, agora recebidas por artistas, conferiam-lhes santidade e nobreza. Nobreza porque elevava seu *status* à condição social de nobre, diminuindo a importância de sua origem, mas foi mesmo na santidade, na sacralidade que se estabeleceu a maior distinção para Arte e o artista. Considerava-se que este nascera predestinado a tornar-se um artista e havia recebido das mãos do próprio Deus os dons que deveria cultivar e que o distinguiriam para o resto de sua vida dos reles mortais. Ele é sacralizado na acepção mais radical desse termo e, após sua morte, imortalizado mediante suas obras. Artista e obra sacralizaram-se a

A SACRALIZAÇÃO DA ARTE E DO ARTISTA

tal ponto que garantiram não só sua hegemonia, mas também legitimaram sua concepção consagrada e mistificadora.

A construção expedida até aqui busca deixar claro que não foi a Era Moderna a grande "vilã" na evolução histórica do processo de sacralização. Foi esse, contudo, o terreno ideal para sedimentar tal concepção que de longa data, veio reunindo elementos para sua conformação. Nesse momento o processo em causa ganha outros elementos de grande peso: o florescimento de uma luxuosa corte que patrocina a Arte, o Iluminismo e sua crença entusiasmada no valor da educação e da cultura ilustrada como símbolo/condição para o progresso e o esforço para elevar o artista de sua condição de artesão.

Enfim, as causas e consequências dessa visão acerca da Arte e do artista são tão remotas tanto quanto profundamente atuais. É possível perceber seus traços desde a Pré-História, bem como identificar claramente as rendas do processo de sacralização ainda hoje. A Renascença conseguiu cristalizar essas noções de forma tão marcante que atualmente quase ninguém questiona a ideia de genialidade, de dom e talento sobrenatural. Igualmente o caráter elitista da Arte e da atividade criadora e de apreciação encontra guarida ainda hoje nos meios acadêmicos.

A Renascença fez da Arte uma possessão, ciosamente guardada, de uma elite intelectual, que confinava as obras importantes a esse círculo. Os humanistas criaram para si próprios um monopólio cultural, como uma espécie de nova casta de sacerdotes. "Foi essa a origem de um abismo instransponível entre uma minoria educada e uma maioria carente de educação, abismo que atingia agora proporções nunca vistas e iria ser um fator decisivo em todo o futuro desenvolvimento da Arte" (HAUSER, 1998, p. 321).

Pela mesma lógica, orientaram-se o Maneirismo e o Barroco. O primeiro movimento consistia em uma tentativa de sintetizar os principais elementos da Arte dos grandes mestres do Renascimento por meio do ensino ministrado nas escolas de Belas-Artes. O Barroco, por sua vez, foi regido por pressupostos semelhantes aliados ao exagero de luxo, ostentação, riqueza de detalhes e reserva de privilégios.

Além desses movimentos artísticos da Era Moderna, o Rococó, o Classicismo e o Romantismo também figuraram a partir do século XVIII. Marcados pela oposição ao monumental, cerimonioso e solene, esses estilos enfatizavam a delicadeza e a intimidade. Em especial o movimento romântico desempenhou papel importante no processo de sacralização.

Além do percurso histórico até aqui forjado, o Romantismo esforçou-se por imprimir distinção à atividade artística, até mesmo por meio de uma formação específica que a elevaria do *status* em relação ao artesanato. O artista tornou-se o ideal humano por excelência em detrimento de seu algoz, o burguês.

> Toda aversão e desdém dos intelectuais estava agora concentrada na burguesia. O burguês ganancioso, mesquinho e hipócrita passou a ser o seu inimigo público n.º 1 e, em contraste com ele, o pobre, honesto e generoso artista a lutar contra todas as amarras humilhantes e convencionais da sociedade é apresentado como ideal humano por excelência. A tendência para o distanciamento da vida prática com firmes raízes sociais e compromissos políticos, que tinha sido característica do romantismo desde os seus primórdios, e tornara-se evidente na Alemanha ainda no século XVIII, torna-se agora predominante por toda parte; mesmo nas nações ocidentais abre-se um abismo intransponível entre o gênio e o homem comum, entre o artista e o público, entre a Arte e a realidade social (HAUSER, 1998, p. 693).

O romantismo conferiu ao artista e seu refúgio em ateliês algo de mágico e idílico. Agora a solidão do artista, seu jeito estranho de se relacionar e seu esforço para menosprezar grosseiramente qualquer forma de inteligência além da sua foram legitimados pelo Romantismo. A tendência de se distanciar das coisas práticas, de se diferenciar da massa, percebida desde o período neolítico, é ainda perseguida pelo artista da Era Moderna. Segundo Peixoto (2003), embora o movimento romântico tenha, em sua gênese, representado uma reação de descontentamento diante dos resultados funestos da Revolução Industrial para a maioria da população, o que prevaleceu em lugar desse sentimento de solidariedade, historicamente no âmbito da Arte, foi a posição individualista e elitista do gênio criador. O movimento romântico iniciou-se no século XVIII, mas continuou a pleno vapor ainda no século seguinte e impregnou os demais movimentos da Arte Moderna.

O que ficou de marcante do processo de sacralização até o período em questão foi a própria maturidade que alcançou. Nunca antes, a Arte e o artista imergiram em concepções tão mistificadoras. Ao emergirem, trouxeram várias noções equivocadas e contraditórias, que carregam, nas duas faces de uma mesma moeda, privilégios e exclusões, forças e fraquezas, conquistas e perdas, uniões e afastamentos, valorização e desvalorização.

A SACRALIZAÇÃO DA ARTE E DO ARTISTA

Nessa medida, a sacralização da Arte e do artista engendrou igualmente sua subtração do conjunto da vida. O mesmo artista considerado gênio, também sofre o afastamento das massas. A mesma Arte que é considerada um código rico e o ápice da cultura também é tida como artigo de luxo, privilégio da elite, um acessório da cultura. Assim a sacralização, pelo lado da Arte, cerceia o acesso aos bens artísticos e, pelo lado do artista, mistifica a atividade criadora: o mesmo vetor que impulsiona e fortalece o mundo artístico, também o enfraquece e o desvaloriza.

Embora no presente estudo esteja me dedicando a desatar os nós da sacralização da Arte e do artista mediante a análise da divisão histórica, neste momento, pela complexidade que a Arte Moderna assume, quando necessário, recorrerei ao plano da divisão estilística para dar conta das diferentes dimensões que cada movimento assume no processo de sacralização.

No período modernista ainda é possível colher os frutos desse processo de sacralização. Período associado a uma série de progressos tecnológicos, econômicos e políticos decorrentes da Revolução Industrial, o termo modernismo é genericamente usado para designar toda a Arte do século XIX e XX e, por conseguinte, seus vários "ismos" (HARISSON, 2000).

Embora tenha havido um esforço do grupo de artistas progressistas para se desvencilhar do academicismo com sua imposição realista, bem como rejeição à figura do artista genial, pouco se avançou na restauração desses laços já tão fragilizados. A cisão entre as massas e as coisas da Arte e da cultura se encontrava naquele momento tão sedimentada que o próprio grupo de artistas considerava qualquer tentativa de aproximação como o mais piegas populismo.

> O distanciamento do conjunto de artistas progressistas em relação ao mundo de seu tempo e sua recusa em ter qualquer coisa a ver com o público chegam a tal ponto que não só aceitam a falta de sucesso como algo perfeitamente natural como consideram o próprio sucesso como um sinal de inferioridade artística, e acreditam que o fato de não serem compreendidos por seus contemporâneos é uma condição prévia de imortalidade (HAUSER, 1995, p. 798).

O prazer pelo difícil e secreto, característico do período medievo, ainda encontrou guarida entre os artistas do século XIX, só que agora em moldes mais sofisticados e sistemáticos. Nesse momento, a rede de relações que consagrava e mistificava a obra de arte e o artista, a *illusio*, (BOURDIEU, 1996), apossou-se das criações artísticas como forma de promover sua dominação e hegemonia. Interessava à elite dominante cercear o contato do povo com o mundo da Arte a da cultura e mantê-lo na marginalidade do incompreensível das linguagens que ameaçam a hegemonia dos modos estereotipados e fáceis de dizer o mundo (SANTAELLA, 1995). Durante o Modernismo, essa tendência elitista se consubstanciou em uma distância cada vez mais crescente.

Os artistas considerados modernistas buscavam de alguma maneira acompanhar as mudanças que ocorriam no campo científico, social e econômico e renunciavam, em forma e conteúdo, aos padrões vigentes na Arte acadêmica que imperavam até então

> [...] a atitude do novo se manifesta de maneiras cada vez mais diversas e particulares, ampliando enormemente as possibilidades artísticas que o século trouxe para o mundo ocidental. No impressionismo, por exemplo, os artistas querem se libertar da representação realista e plena de regras impostas pelas academias. No cubismo, a fragmentação das imagens nas pinturas projeta simbolicamente a própria fragmentação do mundo trazida pela industrialização. Na Arte abstrata, procura-se uma síntese e uma forma de expressão que ultrapasse e transcenda uma realidade formada por guerras, destruições, desigualdades sociais (CANTON, 2002, p. 13).

Também chamados de artistas progressistas, de acordo com Ortega y Gasset (2001) os modernistas passaram a pintar o mundo interior e subjetivo. Qualquer identificação com a antropomorfização era vista como imaturidade e patetismo. Hauser (1998) também ressalta que há um rompimento com a Renascença e os cânones estéticos greco-romanos. O próprio Picasso repudiava esses valores, inclusive o conceito de gênio como expressão de uma personalidade inconfundível. Sua Arte e a de seus contemporâneos era uma descrição e uma ilustração de um mundo, de uma totalidade em renúncia às formas tradicionais de figuração.

Ainda que houvesse a intenção de rebeldia contra a ordem social vigente, a rejeição do conceito de genialidade e uma crescente consciência do grupo de artistas sobre seu papel social, a apreciação da Arte não estava assegurada. Como o percurso histórico não é linear e nem garante as necessárias rupturas, o povo mais uma vez, e agora de forma mais intensa, ficou alijado da fruição estética. Infelizmente, séculos e séculos de um excludente processo de sacralização não se rompem facilmente. Como medida preventiva, mais do que depressa, as frações dominantes trataram de tomar para si os créditos da criação e apreciação dos bens artísticos, ou seja, se no começo houve resistência dos segmentos dominantes à recepção das novas poéticas da Arte Moderna, antes porém que as classes sociais desprivilegiadas pudessem se interessar pela nova Arte, a elite cultural, tratou de acobertar as influências populares e não ocidentais que essa Arte assimilou, para legitimá-la como criação da elite para elite. Essa medida garantiu que os produtos artísticos fossem reconhecidos como produção da elite para a elite e consequentemente cerceou o contato do povo com a Arte.

O esforço para manter o povo excluído de desfrutar do potencial político-social das produções estéticas foi uma arma amplamente usada pelas elites para agregar a seus membros distinção e valor. A apreciação da Arte, dessa maneira, só poderia ser exercida por quem possuísse esse dom. É por isso que Ortega y Gasset (2001, p. 29-30), ao tratar da Arte Moderna, afirma: "eis por que a nova Arte divide o público em duas classes de indivíduos: os que a entendem e os que não a entendem; isto é, os artistas e os que não o são. A nova Arte é uma Arte artística". A distinção e a reserva de privilégios podem ser nitidamente percebidas neste outro trecho do mesmo autor:

> Se a nova Arte é uma Arte inteligível para todo o mundo, isso quer dizer que seus recursos não são os genericamente humanos. Não é uma Arte para os homens em geral, e sim para uma classe muito particular de homens, que poderão não valer mais que os outros, mas que, evidentemente, são distintos (ORTEGA; GASSET, p. 21).

Assim é possível compreender pelo "andar da carruagem" que a Arte Moderna foi menos popular que a Arte Romântica, do mesmo modo que a clássica não foi tão popular quanto a medieval, como afirma Cechelero (*apud* ORTEGA; GASSET, 2001 p. 21). Ou seja, se até o Impressionismo a Arte foi, gradativamente, se refugiando a círculos cada vez mais estreitos, no auge do Modernismo ela se tornou inteligível somente para artistas e um pequeno grupo de iniciados. Chamada de a Arte jovem, para Ortega y Gasset essa Arte poderia contribuir também

> Para que os melhores se conheçam e se reconheçam entre o cinzento da multidão e aprendam a sua missão, que consiste em ser poucos e ter que combater contra muitos. Aproxima-se o tempo em que a sociedade, desde a política até a Arte, voltará a se organizar, segundo se deve em duas ordens ou categorias: a dos homens egrégios e a dos homens vulgares. Todo o mal-estar da Europa irá desembocar e se curvar nessa nova e salvadora cisão (ORTEGA; GASSET, 2001, p. 23-24).

O ideal de distinção social, por meio do monopólio cultural, ainda continua sendo perseguido, só que nesse momento em moldes mais sistemáticos, claros e perversos. Segundo Santaella (1995, p. 22), "os opressores, em todos os momentos históricos, buscam cobrir as obras artísticas com a crosta sagrada dos valores imutáveis". Isso condena a energia da Arte para o trabalho da apreciação crítica ao domínio dogmático das classes conservadoras e não favorece uma leitura para a transformação. Quanto menos popular for uma Arte, ou seja, quanto menos seus significados e códigos puderem ser apreendidos e ressignificados pelo povo, mais fácil será a manipulação político-ideológica.

Apesar de o processo de sacralização assumir nesse momento histórico sua face mais perversa e anestesiante, não há motivo para atirar pedras sobre as obras do Modernismo, ao contrário deve-se buscar, sobretudo "desmistificar os valores eternizantes com que as classes sociais opressoras acobertam os produtos artísticos para dele se apossarem" (SANTAELLA, 1995, p. 19). Explicando melhor: grande parte dos artistas modernos e de outros períodos, reconhecidos e canonizados pela elite beberam nas fontes da cultura popular e não ocidental. Van Gogh com a Arte popular chinesa, Picasso com a Arte africana, Gauguin com o Taiti, Pieter Brueguel apaixonado pela cultura popular holandesa, Mozart, Beethoven e Villa-Lobos que tematizavam em suas composições valores populares. Enfim, a lista poderia continuar se estendendo, mas o exposto já basta à compreensão de que, embora houvesse grandes esforços em opor as criações artísticas ao conhecimento popular, estas foram fortemente marcadas pelas contribuições de suas forças culturais.

A modernidade engendrou ranços e avanços que, por um lado, configuraram uma conquista da função social da Arte, mas, por outro lado, a impossibilidade de ser fruído pela maioria das pessoas. O povo, a esta altura, havia perdido "o bonde da história". Havia perdido sua "pequena ciência" (MANACORDA, 2004) e rompido a unidade criar-planejar-executar-destinar, ao amontoar-se no alienante trabalho das fábricas. O olhar curioso, surpreso e rebelde, o ouvido atento, sensível e pensante... foram perdidos. Agora só restava uma série de sentidos, corpos e mentes destinados à obra.

Enfim, mesmo após 1950, década identificada por muitos como divisor de águas entre Modernismo e Pós-Modernismo, os frutos da sacralização ainda podem ser colhidos. O artista continua sendo visto como gênio detentor de dons sobrenaturais e sua obra como a expressão de sua genialidade, portanto compreender a Arte é também para os gênios iniciados. Embora o Pós-Modernismo tenha "entre suas características o apagamento das fronteiras entre a Arte popular, ou de massa e a Arte erudita, o desaparecimento do sujeito (com a extinção consequente da figura do artista genial, obrigado a exprimir-se em linguagens formais absolutamente inéditas)" (ROUANET, 1987, p. 23), ainda não é possível vislumbrar um outro tipo de relação entre a Arte e o espectador.

Em suma, o começo da Era Moderna conseguiu de tal maneira cristalizar as noções de gênio, dom e talento sobrenatural na produção e apreciação artísticas, que, embora o Modernismo e a Arte Contemporânea tenham revogado as disposições anteriores, houve pouco avanço na luta contra as rendas da sacralização da Arte e do artista, ou seja, todo o percurso histórico de gestação dessas concepções excludentes e mistificadoras não conseguiu ser abortado, uma vez que somente a classe artística da Contemporaneidade (ou pelo menos parte dela) parecia se interessar pela desmistificação da figura do artista e da atividade criadora.

Ao encerrar este breve histórico pode surgir a sensação de que o processo de sacralização configura um círculo de fogo tão poderoso que cerceia e incendeia o discernimento estético da grande maioria da população e, ao mesmo tempo em que aquece e recompensa a familiaridade de alguns com o mundo da Arte. Parece não haver saída, ou pelo menos, não é possível, ainda, pensar em outra forma de relacionamento do grande público com a Arte. Questionar, contudo, os atos que na aparência são tomados como naturais é um meio vigoroso à compreensão das convenções e arbitrários culturais. Eis a explicação de Bourdieu (1996, p. 98) acerca da investigação histórica:

> Não há instrumento de ruptura mais poderoso do que a reconstrução da gênese: ao fazer com que ressurjam os conflitos e os confrontos dos primeiros momentos e, concomitantemente, os possíveis excluídos, ela reatualiza a possibilidade de que houvesse sido (e de que seja) de outro modo e, por meio dessa utopia prática, recoloca em questão o possível que se concretizou entre todos os outros.

Dessa maneira, esta e outras esclarecedoras investigações históricas podem contribuir para a fuga de explicações etnocêntricas e mistificadoras, pois o presente pode ser iluminado quando visitado pelo passado.

A argumentação feita até aqui acerca da Arte e do artista pode causar a impressão de que estou falando contra a cultura ilustrada ou "alta cultura" termo usado por Rouanet (1987). Concordo, entretanto, com a afirmação desse autor que, apesar de tudo, a Ilustração foi a "proposta mais generosa oferecida ao gênero humano" (p. 27), uma oportunidade ímpar de o homem construir racionalmente seu destino, propor ideais de paz e tolerância, desenvolver as forças produtivas e colocar o saber a serviço do homem. O papel dos questionamentos que faço é, sobretudo, possibilitar uma reflexão mais específica sobre as consequências da sacralização na prática docente em Arte – o mito do gênio criador, da obra prima eterna e intocável e do elitismo no universo artístico.

No início deste capítulo, propus uma série de questões que colhi em minha convivência em escolas, faculdades e programas de pós-graduação. O leitor pode ter tido a ideia de que eu buscaria explicação para os equívocos dessas posturas elitistas na Sociologia ou História da Educação ou, ainda, nas Políticas Públicas e suas teias. Seria um bom caminho conduzir minhas investigações por essas veredas e vales, já que aí se originaram. A especificidade desse problema, porém, pedia uma compreensão mais radical, que fosse à raiz, aos primórdios de seus processos. Foi necessário reconstruir a gênese, no sentido de Bourdieu, para fundamentar o entendimento de que são várias as categorias de pensamento que são utilizadas espontaneamente e sem maiores questionamentos e, nesse sentido, a sacralização é uma delas.

Poucas pessoas estão convencidas de que a concepção elitista que se confere à atividade criadora e à apreciação na Arte materializa uma grande barreira ao contato e democratização dos bens artísticos. Não há um consenso de que este seja um problema na educação de nosso País. Ao contrário, se a temática envolvesse leitura, escolarização, acesso ao Ensino Superior, formação docente, com certeza a concordância seria geral. Quando se trata do universo artístico, as noções de gênio, de talento artístico, de oposição entre Arte, povo e elite iniciada gozam de tamanha naturalidade, que desmistificar essas concepções exigiu uma verdadeira "garimpada histórica", em uma atitude quase que profanadora.

Somente por meio da reconstrução da gênese, foi possível perceber que nem sempre o público foi desinteressado das coisas da Arte e da cultura, que a exclusão do acesso aos bens artísticos, os privilégios e distinções tiveram uma origem histórica. A distância que hoje se experimenta em relação à Arte foi fruto de um longo processo. O mito do gênio criador também tem raízes. Essa figura genial nem sempre existiu como muitos acreditavam. O processo criativo não é um privilégio para os poucos dotados de talentos sobrenaturais, ao contrário, ele é fruto de muita disciplina.

Enfim, neste capítulo foi possível perceber como a sacralização se constitui e quais são suas faces. Aí sim, o elitismo e o privilégio, com suas características próprias, podem ser compreendidos como as peças chaves que operam o grande maquinário que sacraliza a Arte e o artista. Dessa forma, os diferentes momentos dessa "garimpada histórica" forneceram elementos para a investigação que ora prosseguirá estabelecendo relações com a história do ensino de Arte e as especificidades de sua prática docente.

A questão da sacralização da Arte e do artista implica diretamente a aceitação de explicações fatalistas e místicas para entrada e permanência no mundo da Arte. Segundo Benjamin (1994), quando explicações sagradas e misteriosas são tomadas para discutir problemas relativos ao estético, toda a possibilidade de democratização das relações que envolvem o acesso aos bens artísticos, sua apreciação e produção, esvai-se em discursos abstratos e nebulosos.

Entender as implicações de um processo de sacralização não significa acabar com o prazer proveniente da prática cultural, contudo refere-se à defesa de que esse prazer seja direito de toda a humanidade. O desafio seria então o de compreender o funcionamento da *illusio* do campo artístico, a ponto de desmistificar o *habitus* da prática cultural e estendê-lo ao maior número possível de pessoas.

Quando digo que se colhem hoje os frutos de um processo de sacralização da Arte e do artista, é porque as mesmas concepções permanentes, irrevogáveis e indiscutíveis que se aplicam às coisas da religião figuram no mundo da cultura. Dessa maneira, parece que desatar os nós que perpetuam esses mitos e as desigualdades, é uma atividade profanadora, ou ainda uma heresia sem pé nem cabeça. Não bastava, portanto, explicar a sacralização apenas olhando de dentro dos muros da escola. Esse procedimento poderia invalidar minhas investigações, uma vez que quase ninguém parecia estar convencido (ou poderia se convencer) de que o artista e a Arte estão envoltos em equívocos elitistas que cristalizam preconceitos quanto a esse universo. Entender a origem do conceito de genialidade na criação e, por conseguinte, a mistificação da atividade criadora, o elitismo que envolve a Arte e obliteram seu acesso e apreciação crítica, foi fundamental ao entendimento e desmistificação das noções que povoam o imaginário não só de docentes, mas da sociedade de modo geral.

CAPÍTULO 2

O ENSINO DE ARTE NO CONTEXTO DA EDUCAÇÃO BRASILEIRA: ASPECTOS E IMPLICAÇÕES DA SACRALIZAÇÃO

> *E para que o círculo ideológico fique fechado, basta que aceitem a representação essencialista da bipartição de sua sociedade em bárbaros e civilizados, como justificação do monopólio dos instrumentos da apropriação dos bens culturais.*
>
> Pierre Bourdieu

Com o presente capítulo busco alicerçar a compreensão das influências da sacralização da Arte e do artista sobre a Educação Brasileira, debruçando-me em especial, sobre o ensino de Arte. Para isso, ressalto seus momentos mais marcantes e as linhas gerais do pensamento pedagógico que a eles se vinculam. Procuro aliar ao texto que se segue os elementos já delineados no primeiro capítulo como forma de estabelecer relações entre a História geral da Arte e a História especifica do ensino de Arte. A trama de reflexões continuará sendo tecida com uma análise acerca das possibilidades que a Proposta Triangular de ensino de Arte – considerada como possibilitadora do desenvolvimento do *habitus* da prática cultural – oferece à (des)sacralização da Arte e do artista.

2.1 Breve visão da Arte na Educação Brasileira: o viés da sacralização

A proposta do capítulo em questão é apresentar determinadas linhas gerais, históricas e filosóficas, que vêm norteando a educação oficial brasileira e compreender especialmente o desenvolvimento do ensino de Arte, até porque o recorte aqui proposto evidencia, preferencialmente, os momentos em que as rendas do processo de sacralização fizeram-se mais visíveis. Assim, compreender a gênese do processo educacional brasileiro é um caminho coerente com a percepção crítica de seu atual cenário. O ensino de Arte, inserido que está nesse contexto, revela igualmente traços de privilégios, exclusões e omissões.

O Brasil e a própria Educação Brasileira surgem em plena Era Moderna, em uma conjuntura de mudanças radicais em termos econômicos, sociais e de mentalidade. A Europa dos séculos XVI e XVII estava em polvorosa, pois além do Renascimento, outros temas importantes como a Reforma Protestante, a Contrarreforma, a utopia e a revolução figuravam no cerne dessas profundas mudanças, que influenciariam sobremaneira o processo de colonização do Brasil. Nesse contexto, as escolas jesuíticas (*Ratio Studiorium*, 1586-99) surgem como reação à Reforma Protestante e consubstanciam-se em uma tentativa de defender, intransigentemente, a prerrogativa da Igreja católica sobre a educação (MANACORDA, 2004). Assim, a organização escolar brasileira tem sua gênese com a dominação jesuítica.

De acordo com Ribeiro (2003), já na fase jesuítica da escolarização colonial, há uma importante distinção e reserva de privilégios. A instrução é destinada aos descendentes dos colonizadores, e os indígenas eram apenas catequizados. Essa divisão se concretizava da seguinte forma: os descendentes dos colonos deveriam ser educados (mas não muito) em escolas, para que garantissem a manutenção dos principais (e únicos) serviços da Colônia; já aos índios bastava a concessão das verdades cristãs para lhes outorgar uma chance de se redimir de sua vida pagã.

Profundamente marcado por uma intensa rigidez na maneira de pensar e interpretar a realidade, o currículo destinado ao primeiro grupo envolvia o estudo das humanidades, poesia, canto e teatro. Já o proposto para o segundo grupo dedicava-se ao aprendizado da Arte manual, em especial nas oficinas de artesãos. Barbosa (1995, p. 22) destaca que as Artes Visuais, denominadas então Arte manual, "eram rejeitadas nas escolas dos homens livres e primariamente exploradas, em função do consumo, nas missões indígenas ou no treinamento dos escravos".

À semelhança do que acontecia nas sociedades gregas, as Artes Plásticas eram tidas como um serviço menor, ocupação de escravos (HAUSER, 1998). Não era, portanto, necessário, nem bem visto, que os filhos dos homens egrégios se ocupassem de uma tarefa tão pesada. A cisão entre trabalho intelectual e trabalho manual, tão enraizada historicamente na Antiguidade Clássica, ainda encontrava guarida na educação da Era Moderna. Dessa forma, enquanto a uns era imposto o treino e a domesticação das mãos por meio da servidão copista de modelos já canonizados esteticamente, aos socialmente privilegiados reservava-se o deleite e a fruição estética.

No período em questão, o Barroco Jesuítico, vindo de Portugal, ganha traços originais. Nossos artistas, todos de origem popular, imprimiram nesse estilo uma contribuição de tal maneira renovadora que se derivou daí o Barroco-Rococó que continuou a frutificar mesmo na ausência da educação jesuítica. A chegada da Missão Francesa em 1816, trazida por D. João VI, na intenção de preparar uma corte para a Coroa portuguesa, causou uma abrupta transição. Se no Barroco-Rococó o mestiço brasileiro encontrava espaço para expressar sua emotividade e sensualismo, no Neoclassicismo francês esse calor foi substituído pela frieza do intelectualismo (BARBOSA, 1995). Os primeiros "educados" em Arte do nosso País – humildes artistas mestiços – são desbancados em face da valorização do academicismo francês. Além de tudo, a rígida e empobrecedora disciplina dos mestres do neoclássico europeu inibiu até mesmo os discípulos mais fervorosos (DURAND, 1989).

Originam-se dessa imposição muitos preconceitos contra o ensino de Arte e já se pode vislumbrar as rendas de um processo de sacralização em fase de anunciação, notadamente no que se refere à esfera da Educação Brasileira.

> Afastando-se a Arte do contacto popular, reservando-a para *the happy few* e os talentosos, concorria-se, assim, para alimentar um dos preconceitos contra a Arte até hoje acentuada em nossa sociedade, a ideia de Arte como uma atividade supérflua, um babado, um acessório da cultura (BARBOSA, 1995, p. 20).

Como a transição do Barroco para o Neoclassicismo foi abrupta, houve um enorme repúdio por parte da classe artística que aqui já se formava, aliás é bem verdade que vigorou a clara intenção de reservar a Arte para as classes abastadas, em detrimento do contato popular. O fato é que o próprio Barroco fora trazido pelos jesuítas de Portugal, mas, ao contrário do Neoclassicismo, houve tempo para a sua assimilação e transformação segundo as influências nacionais, daí um dos motivos pelo qual não foi recebido com um sentimento anticolonialista. A imposição de um novo estilo, por sua vez, já foi recebida com mais resistência. Outro fator decisivo era que, ao contrário do Barroco, o Neoclassicismo não se estendia ao fazer do povo.

A fuga encontrada por grande parte da população do Brasil Colônia ou pelo menos imposta por aqueles que se utilizam da cultura e do poder como arma na luta pela hegemonia foi imprimir na Arte daquele momento toda a fraqueza que um processo de sacralização pode engendrar. Nesse sentido, ao invés de representar sua força realçou sua fraqueza, tornou-a desnecessária, elemento de dissociação, símbolo de uma educação ambígua, que reserva a alguns privilégios e ao restante, exclusão.

Apoiada em Bourdieu (1982), posso dizer que, a escola é um campo social que faz intersecção com outros campos sociais. Nessa medida, ao lidar com o ensino de Arte, algumas noções cristalizadas, na Arte, acabarão por acompanhar e determinar, de certa maneira, o *habitus* dos atores educacionais. Entre professores e a comunidade escolar, em geral, a mística ilusão do gênio criador todo poderoso e a roupagem elitista que reveste a atividade criadora são discursos tão sacralizados quanto a própria Arte e o artista.

Segundo Bourdieu (1982), um campo pode ser considerado como um mercado em que os agentes se comportam como jogadores, que se pautam por relações objetivas entre as posições. Cada campo possui uma autonomia relativa e obedece a lógicas diferentes. Assim, possui uma forma particular de regulação das práticas e das representações que impõe e oferece aos agentes uma forma legítima de realização de seus desejos, baseada em um modo particular de *illusio*. A *illusio* é um sistema de disposições produzidos na totalidade ou em parte pela estrutura e o funcionamento do campo, que define em cada caso, o sistema das satisfações desejáveis e as estratégias razoáveis exigidas pela lógica do jogo. Cada campo social impõe um *habitus*, um condicionamento particular, sistemas de disposições duradouros e transponíveis, estruturas estruturadas dispostas a funcionar como estruturas estruturantes.

Assim, a ideologia do dom, a naturalização de privilégios e o elitismo no acesso e na criação artística, ingredientes fundamentais do processo de sacralização, figuraram em vários momentos da Educação Brasileira e com vigor total no Ensino de Arte.

Essa crença produzida no poder criador do artista e no caráter elitista da Arte e da atividade criadora contribui para a disseminação de concepções maniqueístas que polarizam e dividem os homens entre criadores e não criadores, talentosos e pessoas comuns, dotados de compreensão estética e desprovidos dela, dignos e não dignos das alegrias estéticas.

Segundo Durand (1989, p. 5), outra herança do período refere-se à desvalorização da fase acadêmica, como em um conformismo maniqueísta que associa subserviência e dominação estética ao estrangeiro e tudo o que diz respeito ao modernismo "como que se recobre de criatividade, ousadia e autenticidade nacional". Essa satanização da fase acadêmica é amplamente difundida ainda em nossos dias e pode ser analisada pelo irracionalismo e uma de suas vertentes: a do anticolonialismo. Como diria Rouanet (1987), a cultura possui autonomia e para ser posta a serviço de um projeto de autonomia, não precisa ser gerada dentro das fronteiras nacionais. O que aconteceu no caso brasileiro foi um tipo de demarcação idealizada e idealizadora que polarizou alguns gêneros artísticos em emancipadores e não emancipadores.

Embora o ensino oficial de Arte no Brasil tenha como divisor de águas a chegada da Missão Francesa no período imperial, fez-se necessário aqui mencionar o Barroco, por dois motivos. O primeiro deles é que é possível identificá-lo como parte da formação oferecida pelos jesuítas aos negros, mestiços e índios, portanto, pode ser considerado o germe do ensino de Arte. O outro motivo reside nos vestígios de sacralização, que se pode entrever: o fato de esse ensino ser destinado a uma fração dominada, visto ser uma atividade associada à escravidão, e pelo fato da transição do Barroco para o Neoclassicismo ter se dado de forma excludente e impositiva. Não obstante, a importância do Barroco para a Arte Brasileira é inegável como gênese dos processos de desenvolvimento de uma vasta e rica gama de poéticas visuais. Além de tudo, a gênese de muitos equívocos elitistas encontra-se aí, nesse embate entre Barroco e Neoclassicismo.

Nesse período, o Iluminismo, com sua crença na razão e no progresso, vigorava com força total na Europa e reforçava na Educação Brasileira as mesmas necessidades. Esses ideais de modernização eram incompatíveis com a educação escolástica que formava o indivíduo para a Igreja. Era necessário

> [...] formar o perfeito nobre, agora negociante; simplificar e abreviar os estudos fazendo com que um maior número se interessasse pelos cursos superiores; propiciar o aprimoramento da Língua Portuguesa; diversificar o conteúdo, incluindo o de natureza científica; torná-los os mais práticos possíveis (RIBEIRO, 2003, p. 33).

Esse trecho clarifica sobremaneira os ideais da Educação em vigor no período em questão. Passou-se a desejar que os conhecimentos incidissem diretamente sobre a vida cotidiana, facilitassem e impulsionassem a vida e o crescimento econômico da metrópole, por meio da exploração mais sistemática da Colônia. Já não interessava mais que o negociante gastasse tempo com o cultivo do espírito – a poesia, o canto, o teatro, a leitura e imersão nos clássicos da Filosofia, da Literatura e Sociologia, o conhecimento das grandes obras de arte. A ênfase recaía agora sobre uma formação aligeirada que provesse os rudimentos necessários à atividade comercial – ler, escrever e efetuar as quatro operações.

De acordo com Durand (1989), para os filhos dos clãs oligárquicos dificilmente a escolha da carreira artística seria substancial para o treinamento nas funções fundamentais.

> "O recrutamento para o ensino artístico deveria fazer-se entre os filhos das classes pobres urbanas – filhos de artesãos, pequenos comerciantes e no limite mais baixo ex-escravos: a maioria estava constituída de remediados, e a instrução dos candidatos limitada à instrução primária" (DURAND, 1989, p. 6).

O entendimento do fazer artístico apenas como fazer de mão de obra, dissociado de reflexão e conhecimento, bem como a tendência para a reserva de privilégios tão antigos quanto o próprio homem ainda vigoram no ensino artístico brasileiro desse período, que anuncia o vigor de futuros preconceitos.

Semelhante à civilização grega, o fazer artístico, quando associado ao trabalho manual, não gozava de prestígio; contudo a posse de seus produtos por parte da elite dominante garantia e simbolizava privilégios de uma prestigiosa ociosidade.

Nesse momento o ensino de Música e de Literatura encontrava entre as moças de boas famílias lugar de distinção, desde que não significasse uma profissionalização, apenas um cultivo necessário ao matrimônio e à maternidade (DURAND, 1989).

Em 1759 a Companhia de Jesus é expulsa e, em seu lugar, surge um ensino público financiado pelo Estado e para o Estado. O ensino escolástico, com sua ênfase na Arte liberal, acabava que por formar homens que serviriam muito mais para engrossar as fileiras do monastério do que propriamente para contribuir com a ordem e o progresso nacionais. Era necessário que a educação fizesse dueto com os ideais de progresso econômico e científico.

As conquistas das reformas pombalinas, que enfatizavam os conhecimentos utilitários e uma formação modernizada e efetivamente eficiente, não foram implementadas tão facilmente, já que não havia quadro de pessoal docente suficiente para levar adiante esse projeto. O que ocorreu, inicialmente, foi uma grande desorganização do ensino oficial que passou a acontecer sob a forma de aulas régias, avulsas e em diferentes lugares (em especial na casa dos professores que continuavam a ser os mesmos do corpo clerical).

Consoante Durand (1989), a ansiedade em dominar os códigos de distinção social criava expectativas em relação ao papel do preceptor, de línguas ou de piano, que deveria iniciar os filhos das classes abastadas nas regras do meio aristocrático. Isso quer dizer que o ensino de Arte desse período deveria conferir a essas classes apenas refinamento e elitismo, não sendo vista com bons olhos a prática da Arte com fins materiais

Os ideais de progresso e crescimento econômico, contudo, foram ganhando força e dominando a educação. O ensino de Arte também trouxe o desejo destas conquistas. Ferraz e Fusari (1998) afirmam que havia grande preocupação em atender à demanda de preparação de habilidades técnicas e gráficas consideradas fundamentais à expansão industrial. Faço notar que esse tipo de preparação se destinava às pessoas das classes trabalhadoras, enquanto que as "Belas-Artes" eram ensinadas em escolas e academias para as classes mais abastadas, ou para aqueles cujo talento e dons justificava um apadrinhamento por parte de algum benfeitor. Fica clara a intenção de dar aos filhos da elite uma formação exigente e amaneirada, que proveria o reconhecimento de verdadeiras obras de arte para futuros investimentos. Às classes subalternas restaria o treino da mão, mediante o desenho geométrico, desenho linear, desenho de ornato, desenho natural, destinados a serem usados nos trabalhos das fábricas.

Segundo Barbosa (1995), pela lógica da dominação portuguesa, restou à Arte apenas o estreito caminho e o escasso reconhecimento de se firmar como símbolo de distinção e refinamento dos homens egrégios, dignos da cultura ilustrada. Era considerada "uma prenda, um luxo, um passatempo de ociosos, um requinte de distinção reservado ao cultivo das classes sociais mais ricas, ou à vocação excepcional de certas naturezas para as grandes tentativas da Arte" (RUI BARBOSA *apud* BARBOSA, 1995, p. 30). O ensino de Arte sofreu, mais uma vez, uma bipartição: foi ministrado de uma maneira às classes cultas e de outra às camadas populares.

Em vez de integrar em uma mesma e única atividade, a reflexão, o conhecimento, a crítica e as potencialidades do fazer artístico, o ensino ministrado em Arte evidenciou uma grande cisão. Essa cisão pode ser percebida ainda hoje em muitas escolas do país – alguns poucos são considerados dignos e dotados de compreensão estética; já o grande restante da população, é relegado o treino da mão e dos sentidos para melhor subserviência ao trabalho.

É possível identificar no trecho de Barbosa (1995) vários elementos da sacralização. A reserva de privilégios às classes dominantes, o acesso restrito à Arte, a mistificação da atividade criadora por meio da expressão "vocação", sinônimo de dom e, igualmente, os elementos de contradição inerentes à sacralização. O mesmo processo que mistifica e sacraliza a Arte também a torna desnecessária e supérflua. Ao eleger certas pessoas para o contato e compreensão do estético como dom natural, a educação esconde o que está na raiz de todo esse alijamento social – o monopólio cultural e a dominação das massas mediante sua exclusão do universo artístico.

Noções amplamente cristalizadas e difundidas no Renascimento – a questão do dom, da criatividade como arrebatamento místico e incompreensível, da apreciação e leitura da obra de arte como especialidade de poucos eleitos – estendem-se até os nossos dias. A prática docente em Arte e todas as potencialidades de formação de um homem pleno, tal e qual só ela poderia suscitar, ficam mais uma vez, nesse momento histórico, subsumidas ao caráter sagrado e natural de certas convenções que acobertam o monopólio cultural das classes dominantes.

Consoante Ribeiro (2003), a organização do ensino artístico de grau superior antecedeu em muitos anos sua organização em nível primário e secundário, refletindo uma tendência geral da Educação Brasileira. Isso explica porque a Academia Imperial de Belas Artes foi uma das primeiras instituições de Ensino Superior a surgir no País (BARBOSA, 1995). Criada por ocasião da vinda da Corte portuguesa e a consequente elevação do Brasil à categoria de Império, ainda é possível identificar os mesmos traços distintivos e excludentes, do Brasil Colônia, quanto ao ensino de Arte. Embora a educação imperial tenha avançado em sua organização, estabelecendo uma sequência do primário ao superior – primário (escola de ler e escrever), secundário (aulas régias) e universitário –, o acesso permanece restrito à elite dirigente brasileira.

Talvez isso tenha consubstanciado outra estratégia de dominação por parte da elite dirigente. Ao dar prioridade a organização do ensino de grau superior em detrimento da consolidação dos níveis primário e secundário, as camadas favorecidas garantiam somente àqueles que tinham condições de pagar tutores e professores particulares, ou seja, aos filhos das classes abastadas, o acesso ao Ensino Superior. Evidente que não havia meio mais eficaz do que romper a ponte que poderia, porventura, ligar os desfavorecidos aos conhecimentos mais elaborados, assim apenas uma classe restrita de pessoas dotadas do dom (ou do capital necessário?!) para reconstruir essa ponte poderia a ter acesso a um maior cultivo do espírito.

O início do século XX é marcado pela criação de Liceus de Arte e Ofícios, que não pretendiam formar artistas, mas encaminhar os alunos a uma série de trabalhos práticos a serem executados com o sentimento de esmero e dedicação. Durand (1989, p. 61) enfatiza que "apesar de tudo, essas escolas serviram de inauguração de um período em que o ensino profissional veio a transformar-se em industrial e a despir-se das exigências de iniciação estética que o caracterizaram na fase anterior". Se antes havia a necessidade de um contato ainda que pequeno com os objetos artísticos e uma tênue iniciação estética, agora isso tudo era considerado desnecessário.

O ensino de Arte permaneceu sem maiores alterações até a Proclamação da República. Nesse contexto marcado por lutas pela queda da Monarquia e grandemente influenciado pelo Liberalismo e Positivismo, há uma intensa propaganda a respeito da importância do ensino de desenho na educação popular. De acordo com Barbosa (1995, p. 80),

> Para os positivistas era um meio de racionalização da emoção e, para os liberais, um meio de libertar a inventividade dos entraves da ignorância das normas básicas de construção. No entender dos liberais "barbosianos" (seguidores de Rui Barbosa) a liberdade exigia o conhecimento objetivo das coisas.

Assim, o ensino de Arte deveria vincular-se a finalidades extrínsecas à sua função estética. Com o valor exacerbado do progresso econômico e tecnológico ele deveria ligar-se ao produtivo (Liberalismo) e científico (Positivismo). A velha oposição entre a Arte e os conhecimentos ditos sérios voltou a figurar. Desse modo, mais uma vez ela foi chamada a compor o ensino como meio para o alcance de ideais mais elevados (digo úteis).

Outra articulação estabelecida referia-se aos efeitos da Arte na educação moral dos indivíduos que se uniriam ao bom e ao belo. Barbosa (1995) ressalta que Rui Barbosa considerava a Arte como uma possibilidade de inculcar nos homens o justo, o bom e o belo. A concepção romântica da Arte, como forma de revelar nos homens suas virtudes mais nobres, foi amplamente difundida e ainda vigora com força total nos diversos níveis de ensino. Assim, sobre essas três tendências – Liberalismo, Positivismo e

Romantismo – erigiu-se o ensino brasileiro e, em seu interior, o ensino de Arte em toda a Primeira República.

Com efeito, é possível estabelecer uma comparação para entrever que, em outros momentos históricos, a influência dos ideais de conquista científica, industrial e de inculcação de justiça e nobreza por meio da Arte, já vigorava. O próprio Leonardo da Vinci em muito avançou na compreensão da anatomia e funcionamento do corpo humano, bem como elaborou ensaios sobre a criação de vários maquinários devidamente ancorados em noções da Física e Química. Não há inicialmente nenhum problema em explorar conhecimentos de Arte aplicada, como da Vinci o fez. A diferença básica dos empreendimentos desse artista para a proposta realizada pela Educação Brasileira é que no primeiro caso todos os estudos e experimentos estavam imersos na função transformadora da Arte, eram fruto de uma reflexão e profundo conhecimento do e com o mundo e a Arte. O segundo caso, por sua vez, cerceia todas as possibilidades de contato prazeroso e sistemático com a gama de produções artísticas da humanidade em nome de uma restritiva imposição. O semelhante ocorre em nome do crescimento industrial.

O surpreendente na trajetória histórica é perceber as inúmeras associações possíveis. Se no início da Revolução Industrial o Movimento Romântico se colocou contra as exploradoras e extenuantes jornadas de trabalho nas fábricas, o que ocorreu no ensino artístico, na Primeira República, foi a utilização dos pressupostos do Romantismo com vistas à domesticação e à subserviência ao poder estabelecido. Para o entendimento de como ocorreu essa associação, é fundamental relembrar um dos princípios básicos do movimento romântico: a eleição do artista como ideal humano por excelência, como símbolo do ápice do cultivo das capacidades humanas. No sistema de ensino brasileiro o que aconteceu foi o uso da Arte com propósitos semelhantes, porém, ao mesmo tempo, divergentes: o ideal de refinamento humano aparece, desta vez, no desejo de subserviência, de humildade e de adesão ao sistema de representações imposto pela elite dominante.

De acordo com Ferraz e Fusari (1995), o Brasil do século XIX tem no desenho a promessa da industrialização, o que fica evidenciado no Parecer feito por Rui Barbosa sobre o ensino primário, em 1883, que relaciona o desenho com o progresso industrial. Aqui, denota-se que a atividade estética, como conhecimento histórico, não é considerada como constituinte do ser humano. Alicerçada em uma concepção pedagógica tradicional que enfatizava o produto final, a cópia de modelos, a preparação para o trabalho e os trabalhos manuais em geral, o ensino de Arte revelava fortemente o modo de ensinar apresentado por Comenius (1592-1670), em *Didática Magna*. Nesse volume, o pai da Didática expõe o modo mais fácil de ensinar, para garantir os resultados esperados por meio dos métodos certos, para conduzir à verdadeira cultura, aos bons costumes e à piedade. Em seu capítulo "Método para o Ensino das Artes" ele elenca os quesitos necessários para a Arte: a imitação de modelos, a ênfase na perfeição e um caminho único, a execução técnica, e a interferência constante do professor para assegurar a precisão e a perfeição das cópias.

A linha tradicional do pensamento pedagógico cumpre a função de manter a divisão social existente na sociedade. Quando propõe a cópia de modelos, exalta a genialidade das obras de Arte consagradas e menospreza a capacidade criadora dos alunos, ou seja, tudo o que basta para a humanidade já foi criado pelos excepcionalmente dotados para esses fins. Além do que, ratifica o conceito de Arte como artigo de luxo, ao valorizar sobremaneira a Arte, ou melhor, o desenho, somente quando associado ao trabalho. Se o ensino de Arte como transmissão de habilidades técnicas já é limitado, o que dizer então da sua apreciação e democratização!

Por esse período, tem lugar a fase "áurea" em que os principais vultos da pintura e da Arte em geral, eram conhecidos pelo povo que os apontava nas ruas com admiração e respeito. Emblema de uma longa trajetória de exclusão e alijamento do povo da iniciação estética escolar, a distância entre o público e a Arte começa a figurar com força total. Esse fato é percebido pela redução do público que antes se mobilizava para as exposições passando a resumir-se à restrita faixa dos atuais frequentadores de museus e galerias – agentes do campo artístico e elite dirigente (DURAND, 1989).

Assim, uma sensível mudança começa a ocorrer: a elite dirigente seleciona alguns de seus membros para compor a classe artística. É notória a intenção da elite dominante ao recrutar estudantes de "belas artes" de seu próprio seio. Há, neste contexto, um alinhamento de forças e de capacidade de protesto que exprimem novos interesses materializados nos cursos de Engenharia e Arquitetura, até então desconhecidos pelos dóceis aprendizes da pintura e escultura (DURAND, 1989). Esse foi um importante canal por onde os filhos das classes abastadas puderam aproximar-se da Arte de forma mais sistemática e profissional.

Nesse ínterim, as vanguardas artísticas brasileiras começam a destacar-se mais fortemente. Segundo Aracy Amaral (*apud* DURAND, 1989), a aceitação e o sucesso das vanguardas se devem à tendência de boa parte do grupo de "grã-finos" aderir ao Modernismo unicamente como "questão de moda" para distingui-los como elite intelectual e bem-nascida.

Como as inovações não acontecem em campos isolados, novas propensões também começam a se estabelecer no campo da educação e baseiam-se nos mesmos princípios de liberdade expressiva que regiam as vanguardas. Entre 1890 e 1920, nas escolas americanas começa a se reconhecer, como principal finalidade da Arte na educação, o desenvolvimento do impulso criativo. As escolas brasileiras ainda permanecem, em sua maioria, vinculadas aos ideais de uma educação tradicional. Aqui no Brasil surgem as primeiras influências da Pedagogia Nova por volta de 1930. De acordo com Manacorda (2004), os principais pressupostos dessa vertente em que se inclui o teórico John Dewey, são a ênfase no processo criativo como livre expressão, no aprender fazendo, na formação do cidadão sensível e cooperativo.

O terceiro decênio do século XX traz junto com ideais escolanovistas, o Entusiasmo pela educação e o Otimismo Pedagógico como expressão do sonho republicano de luzes da instrução e democratização para todo o povo brasileiro. Dessa forma, seria possível instruir cívica e moralmente, de maneira a colaborar para a transformação do Brasil em uma nação à altura das mais progressistas do século (NAGLE, 2001).

Segundo Durand,

> [...] é possível enquadrar as campanhas de defesa do patrimônio histórico e artístico, as iniciativas de catalogação, difusão e promoção do "folclore" brasileiro, o despontar de um ensino artístico infantil baseado nas premissas diversas das que alicerçavam o ensino do desenho na rede escolar oficial, a revalorização de tipos humanos regionais na literatura de ficção etc. (DURAND, 1989, p. 90).

Ainda nesse cenário, ocorre a efervescência cultural da Semana de 22. Inserida nos ideais da Escola Nova e sob a influência do Modernismo, a Arte passa a ser olhada pelo seu aspecto de espontaneidade, ligada ao valor estético. É um momento ímpar na história do ensino de Arte, pois, pela primeira vez, a produção da criança não é considerada como uma deformação, preparação do intelecto ou preparação moral, e sim uma liberação de emoções e expressão de experiências.

Embora essas concepções possam ser consideradas um avanço em relação à pedagogia tradicional, ainda encerram elementos mistificadores da Arte e do artista. A importância da Arte como livre expressão denunciava a redução da atividade criadora como "grito da alma" e não viabilizava o contato com a produção cultural da humanidade. O professor se tornava um mero fornecedor de materiais artísticos aos alunos e não oferecia nenhum argumento ou orientação, que identificasse a Arte como conhecimento histórico-social. Os alunos seriam guiados segundo suas próprias paixões ou dons, o que denota a velha ditadura maniqueísta que confere a uns a aptidão de desfrutar do potencial político-histórico das criações e produções artísticas e a outros o rótulo de pouco talentosos. Segundo Ana Mae Barbosa, a própria Anita Malfati, um dos destaques da Semana de 22,

> [...] como professora de Arte em seu *atelier* (e mais moderadamente na Escola Americana) inovaria os métodos e as concepções da Arte infantil, transformando a função do professor em espectador da obra de arte da criança, e ao qual competia, antes de tudo, preservar sua ingênua e autêntica expressão (BARBOSA, 1995, p. 114).

Imbuído desses ideais de livre-expressão foram criadas, em 1948, Escolinhas de Arte em vários estados do Brasil. O estado da Bahia foi um dos pioneiros nessa iniciativa e, a partir de então, surgiram outras escolinhas em localidades brasileiras de destaque. Essa iniciativa teve grande importância para a Arte-educação, pois, durante o tempo anterior à obrigatoriedade do ensino de Arte no ensino regular, foi uma das poucas iniciativas de qualidade quanto ao acesso e contato sistemático com a Arte. Berços de formação do movimento de Arte-educadores no Brasil e da gestação de várias tendências metodológicas críticas, as escolinhas de Arte ainda fornecem elementos para uma leitura político-pedagógica da prática em Arte-educação de nossos dias.

Mais uma vez, o desprezo pelo estético pode ser percebido. Se a Arte não precisa ser ensinada é porque não tem conteúdo e, portanto, não é conhecimento. A lógica de um fazer sem intenção e irrefletido é criticado até pelos próprios alunos. Segundo Barbosa, em jornal publicado no dia 12 de março de 1976, uma garota de catorze anos declarava o seguinte acerca de sua aula de Arte:

> Ela (a professora) manda a gente ir fazendo, e a gente vai fazendo do jeito que ela manda. Num dos trabalhos, ela mandou a gente amassar uma folha de papel celofane para depois desamassar e colar numa superfície de cartolina. Quando eu aprontei, ela achou bonito. Mas ela sabe o que é, eu não (1989, p. 9).

A fala dessa garota pode ser interpretada como um apelo à busca de sentidos e conhecimentos que, embora fosse incapaz de mensurar naquele momento, suspeitava que poderiam existir. Infelizmente cenas como essas continuaram a se repetir ainda no período da educação militar no Brasil, mesmo em face da conquista concretizada na LDB de 1971, que torna obrigatório o ensino de Arte.

A educação em Arte, antes da LDB 5692/71 era opcional. Para gáudio dos Arte-educadores a tão sonhada obrigatoriedade chega com essa nova lei, só que um tanto quanto dúbia e indefinida. Dessa mesma época, consta em Parecer do MEC, o de n.º 540/77, que Arte "não é uma matéria, mas uma área bastante generosa e sem contornos fixos, flutuando ao sabor das tendências e interesses" (FERRAZ; FUSARI, 2001, p. 41-42).

A obrigatoriedade do ensino de Arte trouxe ganhos e consequentes perdas. Ao ampliar seu ensino, trouxe a promessa da democratização dos bens artísticos, mas, em virtude da falta de profissionais habilitados para o exercício desse magistério, remediou esse problema com a formação em cursos aligeirados para o ensino das diversas linguagens – Música, Artes Visuais e Teatro. Ora, essa postura teve profundas consequências, a começar pela grande dependência do professor, "ligeiramente" formado, em relação ao livro didático; na tendência generalizada de resumir o ensino de Arte a confecção de trabalhos manuais para datas comemorativas e ao desprezo por uma Arte mais elaborada.

A linha de pensamento pedagógico em voga, naquele momento, potencializou a fuga desses professores, inseguros e precariamente formados, na repetição dos livros didáticos. Assim, a tendência tecnicista aparece no momento exato em que a educação é considerada insuficiente para preparar profissionais destinados a atender ao mundo tecnológico em expansão. O tecnicismo colocava força total nas técnicas e receitas para executar trabalhos. Segundo Ferraz e Fusari (2001), o destaque nessa tendência pedagógica é a própria organização racional, mecânica, dos elementos curriculares, visando a estabelecer mudanças nos alunos, que ao "saírem" do curso deveriam corresponder aos objetivos previamente estabelecidos pelo professor então considerado "técnico" responsável por um planejamento competente.

O passo a passo, os livros de instrução programada, a ênfase nos recursos tecnológicos conseguiu dissipar as poucas e boas iniciativas em Arte-educação cultivadas até então. Os cursos de Educação Artística desenvolviam, nesse período, atividades que se polarizavam na exacerbação dos aspectos técnicos, construtivos, uso de materiais ou em um fazer espontaneísta, sem maiores compromissos com o conhecimento artístico.

É significativa nos currículos de então, a existência da palavra Arte seguida de adjetivações, tais como "artes industriais" ou "artes domésticas". Na primeira disciplina os alunos aprendiam a confeccionar objetos "úteis" em oficinas, como: estantes, porta-copos, bandejas etc. Na segunda adestravam-se os alunos em "artes" culinárias, do bordado, da costura, em geral destinada às meninas que deveriam esmerar-se nas prendas domésticas tão necessárias para arrumar um "bom partido".

A concepção de Arte como meio, como preparação para se chegar a conhecimentos mais elevados ou mais úteis, adotada desde que seu ensino estava sob a responsabilidade da missão francesa, ainda vigora nessa concepção de ensino. O contraditório é notar que às frações dominantes a educação de seus filhos destinava-se a toda uma familiarização com os refinamentos da Arte e seus encantos estéticos. Versados sobre estilos artísticos e literários, experimentados no mundo da Arte e da cultura, estes futuros dirigentes seriam capazes de recitar clássicos da poesia universal e nacional e ainda reconhecer os traços distintivos deste ou daquele pintor, escultor...

Às classes socialmente desprivilegiadas, restava colher os dissabores da sacralização. Acostumados a reconhecer como louvável apenas o utilitário e produtivo, ao se colocarem diante dessas manifestações da cultura ilustrada e se mostrarem desinteressados ou incapazes de julgamento estético, as pessoas eram taxadas de incultas e desinteressadas das coisas da Arte.

Um exame mais acurado das relações excludentes que pautam a educação das massas desde a sua origem, mostra que, desde os tempos da Europa Industrial, já havia grande preocupação em domesticar para o trabalho. Prova disso é que os tecelões da Revolução Industrial possuíam conhecimentos sobre música, botânica, escultura, poesia e matemática. É evidente que tais conhecimentos pouco interessavam à produção em grande série e, mesmo que fosse o contrário, a massacrante jornada nas fábricas embaçava o cultivo de quaisquer sentidos estéticos (ENGUITA, 1989).

> Quando as Arte se tornam privilégio das classes ricas e a má distribuição das riquezas coloca massas miseráveis em face das elites altamente cultas, as Arte perdem o seu caráter libertador para passarem a ser elemento de dissociação e incompreensão entre os grupos de uma nacionalidade (AMOROSO LIMA, 1960, p. 47).

Se o contato com a Arte pode mostrar muito acerca de um povo, de seus valores, perdas e conquistas, já que é responsável pela circulação e divulgação de ideias, com a sacralização é esvaziada desse seu potencial transformador. Dessa forma, a Arte é cindida pela força de uma rede de relações que mantêm seu poder e hegemonia, sobretudo pela domesticação cultural.

A análise empreendida até aqui busca deixar claro que em educação não há rupturas substanciais e que, embora o nascedouro de muitos preconceitos que mistificam e sacralizam a obra de arte tenham antiga data, ainda continuam em vigor. No período Colonial é visível a origem de um dos preconceitos mais difundidos em torno da Arte – o de torná-la um artigo de luxo, coisa reservada às elites. A noção de Arte como artigo supérfluo e oposto às necessidades materiais brota com força do seio do Liberalismo e do Positivismo na época do Império e da República. Não obstante, a mística em torno da atividade criadora, acorrentada à ideia de genialidade, de dom sobrenatural e aptidão, permeia todas as propostas de atividades desenvolvidas nas tendências pedagógicas tradicional, renovada e tecnicista. Na primeira tendência, aparece na imposição de copiar os modelos sacralizados; no escolanovismo, é evidente a predominância da livre expressão e na educação tecnicista cerceia-se e desacredita-se o potencial criador pela imposição de receitas de como fazer.

Segundo um balanço da Arte educadora Ana Mae após a abertura política do Brasil, em 1980, e de um período de dezessete anos em que Arte foi obrigatória, nos currículos do ensino fundamental, pouco se avançou no desenvolvimento da qualidade estética da Arte-educação nas escolas. Mesmo na contemporaneidade, com a atual LDB 9394/96, em que permanece a obrigatoriedade do ensino de Arte, há a ambiguidade que se configura na expressão "componente curricular", deixando margem para que a Arte esteja presente nas escolas sob outras formas, descaracterizadas e diluídas, ao invés de conquistar um espaço de igualdade junto às outras disciplinas.

Segundo Ribeiro (2003), a educação engendra possibilidades à sua dominação. Para encerrar este capítulo, é preciso destacar uma importante contribuição metodológica ao ensino de Arte: a Proposta Triangular de Ensino de Arte, pois desconsiderar uma possibilidade de recompor a cisão há muito estabelecida seria ignorar a "promessa de reconciliação" (ROUANET, 1987). No contexto das grandes linhas do pensamento pedagógico, essa tendência em Arte-educação filia-se ao pensamento crítico-social ou histórico-social, que tem como preconizadores, Paulo Freire, Miguel Arroyo, Libâneo, Célestin Freinet, dentre outros.

Afirmar que nessa concepção habita a promessa de reconciliação significa reconhecer o direito das massas de desfrutar do potencial político-social das criações artísticas. A Arte está com o homem desde que ele existe no mundo – ela foi tudo o que restou das culturas pré-históricas. Apenas a constatação da universalidade e permanência do impulso estético é razão suficiente para que se reconheça a importância da Arte na constituição do humano. A educação e a formação do homem não podem prescindir de quaisquer instrumentos ou meios que o levem a criar um sentido mais harmônico para a sua existência.

A sacralização da Arte e do artista possui diversas ramificações diagnosticadas nos clichês críticos com que, de hábito, se rotulam a Arte e as atividades criadoras. O antielitismo e o anticolonialismo (ROUANET, 1987) podem ser localizados ao lado das tendências que consideram a Arte artigo supérfluo e posse de gênios. Dessa maneira, somente pela familiarização e o contato sistemático com a Arte, seus códigos de leitura, sua história e sua crítica é que se pode entrever um caminho para a reconciliação.

Na educação das classes populares, historicamente, estabeleceu-se uma lógica em que toda a educação deve estar voltada para a formação de mão de obra rápida e o mais barata possível. Assim, bastaria apresentar parcos conhecimentos de folclore, em uma réplica caricata, que desnudaria toda a riqueza e complexidades originais da cultura popular, para satisfazer o gosto das massas. De acordo com Peregrino *et al.* (1995), a escola deveria ampliar o acesso à Arte e à cultura, considerando-as como uma produção coletiva, construídas ao longo da história das sociedades.

> Afinal, é a escola que em grande parte cria a necessidade cultural, ao mesmo tempo em que fornece os meios para satisfazê-la. É necessário, portanto, refletir sobre as possíveis formas de atuação pedagógica, em busca da democratização no acesso à Arte, como forma de conquista da cidadania plena (PEREGRINO *et al.*, 1995, p. 24).

2.2 A proposta triangular e a (des)sacralização da Arte e do artista

Na primeira parte deste capítulo dediquei-me a delimitar os principais períodos da história do ensino de Arte no Brasil e as linhas do pensamento pedagógico que a eles se vinculam. Com esse estudo, envidei esforços para apreender em quais momentos as rendas do processo de sacralização da Arte e do artista se fizeram mais visíveis. Nessa primeira parte do estudo, foi possível perceber que a tônica essencial é uma profunda cisão no ensino de Arte. Quer seja em seus primórdios, com na educação jesuítica, quer seja ao longo de seu processo e das diversas tendências pedagógicas então em vigor ou na recente educação no nosso País, é possível colher, com dissabor, os frutos de um longo e cruel cultivo da negação dos direitos da formação humana integral.

Tal negação se objetivou na bipartição do papel transformador da Arte e de seu potencial político-crítico. Nos diferentes momentos históricos aqui analisados, a Arte dificilmente combinou em uma mesma atividade a possibilidade de leitura e apreciação, reflexão e contextualização histórica, crítica da Arte e o fazer e o produzir artísticos. Desde a educação jesuítica, essa divisão sistematizou-se da seguinte maneira: o treino da mão, a prática da Arte, destinava-se às frações dominadas. Essas deveriam produzir bens artísticos destinados ao consumo e fruição das camadas dirigentes. Não interessava, muito menos era necessário que a produção artística viesse acompanhada de uma reflexão crítica acerca da Arte, seu papel frente à promoção humana e a garantia de acesso a ela. Não é à toa que Durand (1989) caracteriza como dóceis aprendizes os pintores e escultores do período inicial da educação brasileira em Arte. A associação entre trabalho manual e trabalho escravo, herança da Antiguidade Clássica ainda é visível. Já às camadas dominantes era reservado o contato e fruição estética. A leitura e a crítica das obras, bem como a posse das riquezas culturais, a essas camadas se destinavam.

Embora, em alguns momentos a cisão tenha procurado se desfazer e recompor-se em uma atividade completa e possibilitadora de uma formação omnilateral, ainda é possível identificá-la nos diversos ideários pedagógicos. Na tendência tradicional, a ênfase nas cópias, na perfeição acurada de modelos já canonizados, prejudicava grandemente a construção autônoma de poéticas. A falta de espaço para a crítica e reflexão na apreciação e no fazer artístico também impediam a ampliação das possibilidades do ensino de Arte. A pedagogia renovada carregava certo desprezo pelo conhecimento socialmente elaborado e acabava por cercear o contato sistemático do aluno com a densidade do saber artístico. Isso se traduz pela tendência de deixar a imaginação, a emoção e os dons falarem mais alto na criação artística. Talvez a cisão se agrave, mais profundamente, com o tecnicismo. Se nas tendências anteriores havia uma leve, embora parcial, preocupação com a iniciação estética, na exacerbação da técnica essa iniciação se fazia totalmente desnecessária. A maior parte dos livros didáticos desse período são uma miscelânea de receitas de como "fazer" uma série de objetos utilitários, sem mencionar sequer o saber artístico instituído ao longo de séculos e séculos.

Pelo anteriormente exposto, justifica-se a análise da Proposta Triangular para o ensino de Arte, de Ana Mae Barbosa, como uma possibilidade de recompor de forma clara e sistemática uma totalidade há muito cindida. Trata-se de uma proposta que pode contribuir para a desmistificação das bases da criação artística, para colocar em evidencia os nexos constitutivos dessa atividade, bem como para que consiga, acima de tudo, apontar e incentivar as condições sociais do acesso à prática cultural.

Enfim, segundo Bourdieu (2003) é a educação que pode contribuir e, muito, para que a sacralização da Arte e do artista tenha seus ditames combatidos. Somente por meio de um contato sistemático e prazeroso com as manifestações artísticas é que se pode criar a necessidade cultural e ao mesmo tempo favorecer o acesso aos objetos criados e a fruição estética. Se a sacralização impede e cerceia o contato significativo com a Arte, agrilhoando sua leitura, acesso e interpretação, ao mesmo tempo em que mistifica a figura do artista e da atividade criadora, somente uma proposta pedagógica que reconstitua a complexidade da atividade artística será capaz de recompor e ressignificar os fundamentos da criação artística.

Nesse contexto de profunda e urgente necessidade de desmistificação de superação dos desafios impostos pela sacralização da Arte e do artista, faço opção por um programa de atuação pedagógica que consegue articular aspectos da História da Arte, crítica da Arte, apreciação e fruição estética bem como a prática dos ateliês. Assim é a Proposta Triangular de Ensino de Arte, idealizada por Ana Mae Barbosa. De acordo com Rizzi (2002, p. 70),

> A proposta triangular permite uma interação dinâmica e multidimensional, entre as partes e o todo e vice-versa, do contexto do ensino da Arte, ou seja, entre as disciplinas básicas da área, entre as outras disciplinas, no inter-relacionamento das três ações básicas: ler, fazer e contextualizar e no inter-relacionamento das outras três ações decorrentes: decodificar/codificar, experimentar, informar e refletir.

A Proposta Triangular foi sistematizada entre 1987 e 1993 no Museu de Arte Contemporânea da USP (MAC-USP) e, segundo a autora, deriva de uma dupla triangulação. Consiste em uma síntese de importantes movimentos de Arte-educação internacionais que possibilitaram a criação de uma proposta que conseguisse, em um único e mesmo ato, adequar-se à realidade educacional brasileira e ainda assimilar o que havia de bom em outras experiências de educação em Arte.

> A primeira é de natureza epistemológica, ao designar os componentes do ensino/aprendizagem por três ações mentalmente e sensorialmente básicas, quais sejam: criação (fazer artístico), leitura da obra de arte e contextualização. A segunda triangulação está na gênese da própria sistematização, originada em uma tríplice influência, na deglutinação de três abordagens epistemológicas: as *Escuelas al Aire Libre* mexicanas, o *Critical Studies* inglês e o Movimento de Apreciação Estética aliado ao *DBAE (Discipline Based Art Education)* americano (BARBOSA, 1998, p. 33).

A Proposta Triangular consiste na triangulação destes três momentos: contextualização histórica, apreciação artística e fazer artístico, que não têm uma sequência rígida e podem ser realizados na ordem que convir ao docente. Apesar de essa proposta ter sido amplamente utilizada e difundida entre os Arte-educadores, um certo entendimento causou a disseminação de muitos equívocos que, longe de se resumirem ao metodológico, implicaram também equívocos epistemológicos. De acordo com a própria Ana Mae Barbosa (1998) o uso da expressão *metodologia* ao invés de *proposta* contribuiu para que grande parte dos professores tomasse esse referencial teórico como mais uma receita a ser seguida passo a passo.

Tais equívocos decorrem de leituras apressadas e reducionistas e podem ser percebidos nos diversos momentos do processo, tanto quanto em sua própria organização. Em seu livro Tópicos Utópicos (1998), Ana Mae Barbosa aponta algumas correções à Proposta Triangular feitas por ela mesma ou por algum estudioso de Arte educação. Fiz a análise de alguns equívocos apontados pela autora, acrescentando outros que pude perceber em minha prática de docente e pesquisadora. A principal chave de análise refere-se à possibilidade de dessacralização da Arte e do artista. Dessa maneira, a atuação pedagógica com a adoção da proposta triangular será considerada coerente porquanto possibilitadora de leitura, contextualização e produção artística complexa, abrangente e desmistificadora.

Existe nessa proposta metodológica uma oportunidade mais coerente de ampliar e fundamentar o contato dos alunos com a Arte. O contato sistemático com o **contexto histórico** do estilo artístico e da criação do artista pode contribuir para o entendimento do processo criador como fruto do embate homem-mundo, além de aproximar os alunos da história e crítica da Arte. Esse tipo de conhecimento informa e capacita o indivíduo elaborar e refletir sobre a Arte como conhecimento humano, e principalmente de imergir na lógica que rege o processo de criação de diferentes artistas, aqui considerados como trabalhadores radicados em uma realidade material determinada e determinante, com técnicas e materiais construídos e por construir. Desse modo, os artistas não serão mais seres intocáveis e sobrenaturais, longe de quaisquer preocupações cotidianas ou dotados de uma mágica inspiração impulsionadora de um fazer instantâneo e facilitado.

Quem conhece de perto o contexto histórico de alguns artistas, além de perceber as influências estéticas e políticas que eles receberam, ainda pode compreender o árduo esforço e as dificuldades do processo criativo. Picasso, por exemplo, fez duzentos esboços de *Guernica*. Já Bach enfrentava dificuldades para reproduzir partituras suficientes para os muitos corais que regia com seus numerosos componentes. Dizem alguns dados biográficos que lançava mão da ajuda de seus mais de dezessete filhos para efetuar essa tarefa. Já Pieter Bruegel queixava-se à esposa da falta de um ambiente calmo e da necessária imersão no processo de criação artística, um tanto quanto prejudicado por uma casa cheia filhos pequenos. Tais informações em nada se assemelham àquela concepção renascentista de gênio totalmente possuído por seus ideais e sua missão, sem problemas reais.

Pela leitura de imagens e apreciação musical, ou **apreciação artística** de modo geral, pode-se familiarizar o aluno com a Arte a ponto de perceber que ela está intrinsecamente ligada com o social e, por conseguinte, não é desnecessária. Ao contrário, fala de nós, de quem somos, como vivemos, o que almejamos. As duas atividades aliadas, ou seja, a História da Arte e a apreciação artística são as responsáveis pelo acesso aos códigos de leitura tão importantes à compreensão e exploração dos sentidos e significados artísticos. Segundo a própria Ana Mae (1998, p. 40), "leitura de obra de arte é questionamento, é busca, é descoberta, é o despertar da capacidade crítica, nunca a redução dos alunos a receptáculos das informações do professor" é, sobretudo, promover "a experiência da Arte, a discriminação entre opções, a tomada decisões e a emissão de juízos de valor".

Enfim, ao propor o **fazer artístico**, a releitura das obras de Arte convida o aluno a ingressar como criador naquilo que vê, ouve e pronuncia. Isso porque o momento da produção artística é entendido como indissociável do saber artístico como reflexão e interpretação. A efetivação dessa prática, contudo, só se viabilizará se na mesma medida, o momento do fazer for entendido como parte do processo de ensino-aprendizagem, como componente fundamental do conhecimento artístico e não como mero treino ou livre expressão desprovida de complexidade e reflexão, reflexão que deve vir acompanhada da necessária mediação do professor.

Uma das principais críticas quanto à elaboração e ao desenvolvimento da Proposta Triangular refere-se à compreensão de que esta se destina ao trabalho com o código hegemônico europeu e norte-americano. É certo que boa parte do material produzido pela Videoteca da Rede Arte na Escola – material didático que pretendia alcançar escolas com pouco acesso às obras – é composto por vídeos de Arte erudita. A isso a autora responde dizendo que qualquer conteúdo pode ser trabalhado com a utilização da Proposta Triangular, "a escolha do conteúdo com o qual trabalhar depende da ideologia do professor e dos códigos de valor da cultura dos alunos" (1998, p. 39). Assim, se o professor vai ou não trabalhar com Arte erudita ou com cultura visual, estética do cotidiano ou outros afins, dependerá de suas opções político-pedagógicas.

Particularmente acredito que Rouanet (1987) tem uma resposta afiada e desafiadora a esse tipo de crítica. De acordo com esse autor, atacar a cultura erudita em nome de uma cultura genuinamente popular não só contribui para avolumar a exclusão e a dominação operada por aqueles que se utilizam da cultura como base para sua dominação, como também leva a um jogo que tornará a luta emancipatória mais incerta. O mito de que ao povo o estético não faz falta e que o contato com uma Arte mais elaborada contaminaria a docilidade e simplicidade da Arte popular ainda são resquícios de sacralização. No fundo, esse raciocínio não passa de uma forma de sonegação de informação. Segundo a Ana Mae Barbosa (1998), as próprias crianças, independentemente de sua origem social, são capazes de se sensibilizar com a Arte e têm a necessidade de manter contato com ela.

> O que mais me impressionou foi o curto e incisivo depoimento de uma criança de 12 anos; pobre, muito pobre, pobreza detectável visualmente, não só através da roupa, mas do gesto e do olhar, que disse: "por que nunca ninguém me falou sobre Arte abstrata? Gostei muito de entender isso" (BARBOSA, 1998, p. 36).

Com efeito, se os vídeos eram todos de Arte erudita, constituíam um excelente legado representativo da riqueza, complexidade e historicidade artística. Boa parte dos brasileiros mora em lugares que não possuem museus ou são eles de difícil acesso. Com o uso desse material, muito se avançaria no respeito ao direito de conhecimento e deleite estético de diversas obras que de outra forma estariam fadadas à reclusão da sagrada e necessária manipulação das formas fáceis de dizer o mundo. A Arte local e a estética do cotidiano já estão mais acessíveis para serem trabalhadas.

A mesma tendência antielitista (ROUANET,1987) é percebida em boa parte das escolas de hoje. Em nome de preservar e resgatar os valores da cultura popular, a prática pedagógica em Arte de vários professores se resume ao ensino de folclore. Não é que esses valores não sejam verdadeiramente importantes, pois não se trata de desqualificar a Arte popular, mas sobretudo de ressaltar o direito a desfrutar do potencial político-crítico das criações artísticas e de sua multiplicidade.

Num país como o Brasil, o nascimento já determina as preferências de uma pessoa. Se uma pessoa nasce em uma favela, por exemplo, gostará de futebol, filmes de ação, rap e *funk*. Os gostos serão reafirmados tanto pelos agentes de seu espaço social, quanto pelo poder dominante. Se, todavia, essa pessoa fosse familiarizada com outras possibilidades de vida, poderia escolher gostar também de jogar tênis, ouvir Marina Lima e Debussy e assistir a filmes do Godard. Volto a esclarecer que não se trata de polarizar os gostos entre bons e refinados e pobres e rasos. Não! A reflexão aqui aponta para o direito à informação e ao conhecimento, que, antes de tudo, é da humanidade, portanto, sua posse privilegiada em detrimento do conhecimento de outros, não deve ser recebida como natural.

O mesmo não ocorreria em outros países? Na grande maioria, sim! É viável, contudo, identificar outras possibilidades históricas de configuração no intuito de incentivar o exercício de uma utopia prática ao colocar em pauta outras possibilidades como, por exemplo, a de Cuba. Nesse país, em que a população tem contato sistemático e desde muito cedo com a produção cultural, por meio de visitas a espaços culturais e da iniciação artística nos espaços de educação formal.

Outro equívoco bastante comum e considerado igualmente grave por Barbosa (1998) é restringir o fazer artístico à releitura de obras, atividade comumente realizada mediante a cópia das obras já sacralizadas. Entre a proposta da pedagogia tradicional, com sua ênfase na reprodução de modelos e esse tipo de prática – reprodução improdutiva – promovida pela releitura de obra de arte, não há tanta (ou nenhuma) diferença. Em ambas as propostas não existe preocupação com o desenvolvimento do potencial criativo e a construção de um repertório de poéticas e estéticas visuais ou de outra natureza. O fazer artístico, pelo contrário, deve significar uma atividade problematizadora e criadora.

> Uma releitura divergente e/ou subjetivada amplia o universo da alteridade visual e exercita o processo de edição de imagens com o qual nossa cognição visual naturalmente trabalha. Mas releitura como procedimento constante transforma o fazer artístico em mero exercício escolar. Artistas se utilizam de procedimentos muito variados em suas pesquisas visuais. A mesma diversidade de estímulos se deve exigir do professor de Arte. Para falar a verdade, a insistência na releitura me provoca o medo da cópia pela cópia (BARBOSA, 1998, p. 40).

A proposta escolar do fazer artístico não tem como objetivo promover a formação de artistas, tampouco impossibilitar sua gênese. Pretende sim fundamentar a compreensão das bases da criação estética como ingrediente decisivo ao cultivo das disposições cultas, para impulsionar a apreciação artística e o sentimento de pertencimento ao mundo da Arte e da cultura em geral.

Infelizmente, boa parte das pessoas, acostumada que está ao elitismo e mistificação associados à criação artística, se acha incapaz ou indigna de se "aventurar" em um processo criador. Algumas delas, por terem assimilado a concepção romantizada de criação, sentem-se frustradas quando em face de uma proposta criativa, pois é muito comum a ideia de que o ato de criação acontece naturalmente, como que "toma posse" do artista num transe mágico e "sai" gratuitamente de suas mãos.

Ao experimentarem esse processo e perceberem que não há nada de gratuito e de facilitado, ao contrário, há muita "transpiração", tentativas e tentativas, por vezes as pessoas acham que o problema está com elas e que não nasceram ou não possuem dom para a Arte. Mal sabem que muitos artistas, como Van Gogh, chegavam a amaldiçoar a Arte que tanto os consumiam em tempo e esforços. Escher chegou a desistir de se dedicar à gravura à maneira negra (*mezzotinto*) por considerar a técnica demasiadamente trabalhosa e demorada. Mozart trabalhava como escravo em suas composições. É o que Vygotsky desenvolve em seu livro (1987) no capítulo intitulado *"El martírio de la creación"*.

A sacralização da Arte e do artista conseguiu produzir a crença de que somente uns poucos eleitos teriam o direito de se entregar ao inigualável prazer de criar, pois uma vez dotados de poderes sobrenaturais para esses fins estariam acima dos cidadãos comuns dedicados à sobrevivência material. Para explicitar a importância do fazer artístico no ensino de Arte e ainda ressaltar sua possibilidade real e efetiva de colaborar na iniciação estética, approprio-me de uma frase do teatrólogo Augusto Boal: "o teatro pode ser praticado mesmo por quem não é artista, da mesma maneira que o futebol pode ser praticado mesmo por quem não é atleta" (1979, p. 44).

Ainda existe a convicção de que o momento da leitura ou apreciação da obra de arte, aliada ao estudo do contexto sócio histórico, seja efetuado em uma longa e exaustiva preleção pelo professor que impõe ao seu aluno, a escuta passiva e desinteressada de uma explicação saturada de historicismo. O outro extremo também ocorre, isto é, a prática exclusiva do fazer artístico e desprezo pelos outros momentos sob o argumento de que os alunos menores são incapazes de compreender conceitos de leitura de imagens e contextualização (BARBOSA, 1998). Essas duas posturas pouco contribuem para que se rompa o elo que segrega e limita o contato com o campo artístico. No primeiro caso, pratica-se a educação bancária que minimiza a interação professor–aluno–conhecimento e ainda impõe a noção, tão amplamente difundida pela educação da Primeira República, de que a Arte destinada aos homens egrégios é aquela que compreende apenas a fruição. O segundo caso, mostra a baixa expectativa do professor em relação às potencialidades dos alunos. Precipitadamente já os relega à tarefa de reproduzir em uma lógica estanque e reducionista da totalidade e da complexidade do saber artístico.

A proposta desenvolvida por Barbosa (1998) oferece muitas possibilidades para a dessacralização da Arte e do artista. É fato que uma pedagogia da familiarização cultural traz boas oportunidades para o enfrentamento de desafios e mitos decorrentes do longo e excludente processo de deseducação artística. É fato também que, se o professor não tiver a clara ideia da dominação que se opera por meio da cultura, é possível que coloque as pedras exatamente onde convêm às classes dominantes. Isso quer dizer que as mesmas noções excludentes e mistificadoras, condição e produto da sacralização da Arte e do artista, podem estar presentes na prática de qualquer proposta metodológica de Arte, inclusive na Proposta Triangular.

Pode-se, por exemplo propor o fazer artístico ressaltando-se os dons de uns em detrimento de outros, ou ainda, acreditando-se e considerando-se que toda e qualquer iniciativa é reles amadorismo. Um tipo de leitura que não admite acréscimo e recriação de significados e propicia a imposição de um sistema canonizado de representações, também é mais um resquício de sacralização. Igualmente propor a leitura das obras de Arte e sua contextualização destacando-se a mística figura do gênio criador, a tônica de distinção de tal obra, eterna e intocável, oferece mais combustível à fogueira que aniquila e despreza as possibilidades de educação e emancipação humanas.

O círculo de fogo da sacralização, que aprisiona e incendeia o senso estético das massas e, ao mesmo tempo, ilumina e aquece a exigência amaneirada da elite, pode ser apagado. O caminho para uma apreciação autêntica da Arte passa pela educação. É claro que nenhum avanço metodológico pode garantir a reconstituição desses elos tão fragilizados, até porque é bem possível que se perpetuem por meio deles os mitos e arbitrariedades já convencionados, contudo, eles apontam que existe um rumo para o resgate da necessidade de uma totalidade das manifestações humanas.

Ao encerrar este capítulo, julgo apropriado uma frase de Santaella, que a meu ver evidencia um ideal a ser perseguido pela Educação Brasileira, já que expressa a recuperação de uma utopia, no sentido de ideal sonhado:

> Ainda que a Arte tenha sido e continue sendo de apropriação das classes dominantes, Arte real é aquela que nasce-sonhando não ser feita para classe alguma, isto é, a que doloridamente descarna as contradições de sua historicidade, desafiando seus pressupostos ideológicos e gerando a necessidade do que não pode ser olvidado: uma sociedade sem classes, onde as contradições não antagônicas (vida-morte, eu-outro, macho--fêmea, prazer-dor, velho-novo, instinto-razão-loucura: amor...) possam ocupar o espaço devido e roubado pelas contradições antagônicas (1995, p. 24).

CAPÍTULO 3

O ENSINO DE ARTE E A SACRALIZAÇÃO DA ARTE E DO ARTISTA: ENTRE LUZES E SOMBRAS

> *Uma ação política de educação popular que se põe a campo munida de confusas definições, eminentemente paternalistas, autoritárias e superciliosas a respeito de classe social, consciência, engajamento, alienação, valor estético, etc., corre o risco de "cair no voluntarismo de praticar uma política cultural cujo móbil principal se reduz a uma espécie de forcing [...] o preço a pagar por essas precipitações é sempre muito elevado.*

> Lúcia Santaella

Apresento, neste capítulo, uma reflexão acerca da especificidade da função docente e dos processos de formação profissional de pedagogos e especialistas. Compreendo que o papel de ambos profissionais não é outro senão o de ampliar e fundamentar as práticas culturais dos alunos por meio do oferecimento de oportunidades de apreciações artísticas plenas de significados. O capítulo se encerra com a análise dos depoimentos obtidos em pesquisa de campo do tipo etnográfico – com base no discurso de pedagogos e licenciados em Arte atuantes na rede privada e pública de educação da cidade de Goiânia – do ensino de Arte no tocante à sacralização da Arte e do artista. Os depoimentos foram obtidos mediante a metodologia do *grupo focal* utilizada para investigar em que medida os diversos mitos e desafios aparecem no discurso dos professores, quando enunciam suas concepções e práticas docentes em Arte.

3.1 O ensino de Arte: função do docente e processos de formação profissional

Falar de prática docente, seja qual for a área de conhecimento, é lidar com um imbricado de nexos constitutivos. Na história de vida, desde a pré--escola, até a formação profissional em nível universitário, existem múltiplas facetas que a compõem e influenciam em maior ou menor medida. Quando se trata de compreender a prática educativa em Arte, é necessário levar em conta, pela especificidade dessa área, o papel que cada faceta desempenha.

Segundo Cunha (1989), a trajetória de vida influencia grandemente os encaminhamentos profissionais. Alia-se a esse elemento outros de forte peso, tais como: a própria história escolar e seus sujeitos (colegas de classe, professores, colegas de profissão, fatos marcantes), a formação pedagógica ou específica, o papel social que se atribui à educação e ao trabalho docente em especial.

Ao longo deste capítulo, dedico-me a discutir a formação profissional e cultural de professores e sua função docente. Embora o cerne da discussão resida nesses aspectos, é necessário levar em conta os múltiplos fatores que exercem influência sobre a prática pedagógica. Nesse sentido, a formação é considerada como central para a prática docente em Arte, contudo, pela especificidade dessa área de conhecimento e dos professores analisados e até mesmo como forma de compreensão das limitações e possíveis superações, foi estabelecida a associação com os outros elementos quando as conexões o exigiram.

O professor de quem falo é o que atua no ensino fundamental ministrando aulas de Arte. Sabe-se que no contexto brasileiro professores de diversas áreas se ocupam das aulas de Arte seja para complementar a carga horária, por falta de profissionais licenciados em Arte, ou mesmo pela desconsideração da Arte como conhecimento. Embora a gama de profissionais seja enorme, me atenho a discorrer sobre o pedagogo e o licenciado em Arte, em razão de o primeiro atuar com predominância nas séries iniciais do ensino fundamental e o segundo ter a preferência nas séries seguintes desse nível de ensino no que diz respeito às aulas de Arte.

Isso quer dizer que, sendo a Arte um componente curricular obrigatório em todos os níveis de ensino da Educação Básica (LDB 9394/96, art. 26, § 2º), não só o licenciado em Arte é responsável pelo seu ensino, pois em geral habilitam-se para o ensino nas séries finais do ensino fundamental (5ª a 8ª séries) e nas de ensino médio, cabendo então ao pedagogo o exercício do magistério nas disciplinas da educação infantil e das séries iniciais do ensino fundamental para as quais adquiriu a profissionalização. Dessa maneira, embora a especificidade da formação do pedagogo seja de outra natureza, nos primeiros níveis de escolarização, é sua a responsabilidade pela gênese da familiarização e do prazer estético. Nos níveis subsequentes da educação, é o licenciado em Arte que continuará a desenvolver o senso crítico e o gosto pelo estético em face da consciência que tem e ensinará da função político-social das criações artísticas.

Assim, a prática educativa em Arte é entendida aqui em caráter mais abrangente, não se resume apenas à atuação pedagógica do professor de Arte e, sim, considero que cabe também ao pedagogo o papel de iniciar o educando na apreciação e produção artísticas.

Por um motivo de simples organização didática, dissertarei, em um primeiro momento, sobre a função do pedagogo na prática educativa em Arte e seu processo de formação profissional para, em um segundo momento, proceder a essa mesma análise, tendo o licenciado em Arte em foco.

3.1.1 O pedagogo e a prática docente em Arte: omissão, banalização ou familiarização?

É comum que muitos estudos abordem o papel do pedagogo no que concerne à Alfabetização, formação de leitores, Matemática, Ciências Naturais, História, Geografia; isto porque há uma convenção legal de que tais áreas de conhecimento são de sua responsabilidade nas séries iniciais do ensino fundamental. Geralmente não se ouve a defesa de que um licenciado em letras tenha de passar a alfabetizar no lugar do pedagogo, tampouco que o licenciado em matemática seja responsável pela insinuação das disposições iniciais do mundo numérico. Se não há essa defesa, pelo menos não há um discurso de que o pedagogo não teria a competência de fazê-lo. O mesmo não acontece, contudo, no que diz respeito ao ensino de Arte.

Durante o tempo em que estive atuando como formadora de professores em um curso de Pedagogia, ministrando a disciplina de Arte e Educação, eram comuns comentários que refletiam essa concepção. "Quem foi que disse que o pedagogo tem que dar aulas de Arte?" ou "por que preciso saber disso? Não vou dar aulas de Arte na escola". Essas observações partiam não só dos alunos como, de igual modo, encontravam consentimento entre os próprios colegas, formadores de professores.

Convencer os alunos de que, na Educação Infantil e nas séries iniciais do ensino fundamental, a convivência com a Arte permeia o cotidiano da escola e poderia inclusive propiciar ricos trabalhos interdisciplinares era um argumento muito usado por mim. Deixava claro que não se tratava de usar Arte para enfeitar a capa da prova ou o envelope de atividades, muito menos de convocá-la somente para compor os festejos comemorativos de certas datas. Ao contrário, as diferentes linguagens artísticas deveriam ser incluídas nos projetos da escola promovendo outras possibilidades de leitura da realidade. Dessa maneira para cada tema desenvolvido, além dos conteúdos já privilegiados pelo currículo, as Artes Visuais, a Música, a Dança e o Teatro trariam contribuições específicas à formação intelectual e cultural do aluno.

Na escolarização inicial, um licenciado, atuando uma vez por semana, tornaria o trabalho muito mais fragmentado, além do que esse tempo seria exíguo para o desenvolvimento de uma proposta mais ampla. Se a Arte é um conhecimento humano, construído historicamente, deve ser entendida em seu contexto (História da Arte), considerada em sua apreciação e familiarização (leitura de imagens, crítica da Arte, audição musical) e contemplada na produção artística (fazer artístico, releitura, criações, registros). Esse tipo de trabalho, portanto, pela complexidade que lhe é inerente, necessita ser desenvolvido no cotidiano escolar de maneira contínua e conexa e o licenciado, pela especificidade de sua formação, pode inclusive constituir em uma fonte de consulta, para o pedagogo, nos trabalhos que exijam maior densidade de conhecimento artístico. A solução, a meu ver, está em uma parceria entre Arte educador e pedagogo nas séries iniciais da escolarização da infância.

É fundamental esclarecer que a intenção jamais é a de substituir o especialista, mas colaborar com a familiarização artística do educando. O papel do professor pedagogo é o de cooperar com essa tarefa sendo responsável pela insinuação das disposições iniciais do mundo da Arte e da cultura. Não se trata de desvirtuar o trabalho do pedagogo, ignorando sua formação ou tentando fazer dele um músico, dramaturgo ou artista plástico. Ao contrário intenta-se que suas experiências culturais proporcionem conhecimento sobre a Arte, bem como contato com ela, de forma que lhe seja possibilitado apreciar e fazer apreciar produções, promovendo, da mesma forma, o revigoramento da cultura popular e erudita em âmbito escolar.

Além dos argumentos relacionados especificamente à importância da Arte na educação e suas possibilidades, a própria literatura sobre Pedagogia e formação de professores problematiza tais questões. É Libâneo (1998, p. 22) quem afirma que a Pedagogia é o campo de estudo sistemático da educação, uma prática educativa concreta e um dos ingredientes básicos da configuração da atividade humana, "é um campo de conhecimento sobre a problemática educativa na sua totalidade e historicidade".

Essa afirmação fornece alguns elementos para análise. Destaca-se logo de início que, em se tratando de atividade humana, uma das primeiras de que se tem registro é a Arte. Nossos antepassados encontraram na Arte uma aliada na luta pela sobrevivência e, ao longo da história da humanidade, ela sempre esteve presente, sendo um fenômeno comum a todas as culturas. Acresce-se a esse aspecto o fato de a Pedagogia considerar a prática educativa em sua totalidade e historicidade. Não é preciso pensar muito para chegar à conclusão de que a Arte se inclui nessa totalidade e historicidade. A pedagogia, portanto, como campo de conhecimento sobre a problemática educativa, precisa contemplar também o estético e suas particularidades, caso intente compreender o fenômeno educativo de forma mais abrangente.

Outro pesquisador da temática do professor, Sacristán (2002), enfatiza que no ofício de professor, há muito mais êxito e qualidade quando este é culto. Assim um viés da profissão docente é oferecer cultura, ou seja, não só conhecimentos factuais e lógicos, mas igualmente uma familiarização com a literatura e a Arte em geral. O autor, em questão, não especifica um ou outro professor, mas estende essa tarefa a todos, e aí se inclui o pedagogo.

Ainda a esse respeito, Pimenta (2002) ressalta o papel fundamental da escola como parceira na democratização social e cultural e a necessidade de que essa instituição seja mais justa e igualitária. Essa perspectiva remete diretamente à função que os professores devem desempenhar no que diz respeito à criação da necessidade cultural e dos meios possíveis para satisfação desta.

Esses esclarecimentos, que defendem e justificam o papel do pedagogo perante a Arte e sua apreciação, parecem perder força quando se considera o principal motivo do menosprezo conferido ao campo de conhecimento artístico na prática docente, qual seja, a maioria dos pedagogos alega pouca convivência com a Arte e o mundo da Arte e a consequente dificuldade de oferecer para os outros o que não tem para si mesmo. A questão da formação cultural aparece como fator de grande impedimento à prática docente em Arte. Tais observações já haviam sido feitas por Nogueira (2002) em sua tese de Doutorado. Nessa pesquisa as relações entre formação cultural e formação de professores são analisadas com o objetivo de mostrar a importância das experiências culturais como componentes da prática.

Segundo essa autora, o fundamental no ofício de professor é ampliar o universo cultural do aluno e estimulá-lo a estar aberto a múltiplas leituras da realidade, contudo a grande maioria deles falha nessa tarefa. "Como suas próprias experiências culturais eram limitadas, seus recursos didático-pedagógicos sofriam da mesma penúria" (NOGUEIRA, 2002, p. 12.) Boa parte deles não lia obras literárias, não ia ao cinema, ao teatro, concertos, em suma, sua "vida cultural" não era intensa. "Em geral, suas existências se resumiam a um eterno movimento entre a casa e o trabalho" (NOGUEIRA, 2002, p. 12).

Como se pode notar, a história de vida dos professores não esteve permeada pela frequência a eventos culturais e isso é determinante do tipo de relação que travarão com a Arte em sua prática docente. A frase de Cunha (1989, p. 82) parece emblemática desse tipo de relação, diz ela: "O encaminhamento profissional parece principalmente um aspecto relacionado à trajetória de vida". Nesse sentido, não só a opção pela carreira docente é determinada, como, de igual modo, suas práticas carregarão experiências culturais significativas. Se um professor alega não as possuir, sua ação docente revelará essa lamentável falta.

Para não produzir um discurso que culpabiliza o professor, Nogueira (2002) investigou os principais aspectos que, segundo eles, constituem entraves à frequência a eventos culturais. A falta de tempo e a falta de dinheiro, são considerados os maiores entraves à frequentação. Estes motivos até que podem ser considerados justos, visto que o grupo de professores pesquisados estava, em grande parte, ocupado o dia inteiro com uma dupla jornada de trabalho na escola e a formação acadêmica na faculdade à noite. A questão de recursos financeiros reduzidos também procede, pois não é nenhuma novidade que no Brasil, em especial nas escolas de Educação Básica, os professores estão longe de receber uma remuneração digna.

Essa é uma realidade que vigora no sistema educacional brasileiro, mas é também verdade que existem muitos eventos gratuitos em finais de semana e que poderiam ser frequentados por esses professores, como bem lembra a autora. Se o problema for olhado por esse lado, as justificativas que impedem a frequentação – tempo e dinheiro – se diluem um pouco. Para a autora, o determinante não é o tempo nem a falta de recurso e sim a falta de hábito de frequentação. Vejo, neste dado, mais um marco da sacralização: estes professores vindos de classes desfavorecidas, em sua grande maioria, não se veem dignos de frequentar espaços artísticos.

Explico melhor: ao longo da História da Arte e no sistema educacional brasileiro, esta atividade se tornou "uma prenda, um luxo, um passatempo de ociosos, um requinte de distinção, reservado ao cultivo das classes sociais mais ricas, ou à vocação excepcional de certas naturezas para as tentativas da Arte" (BARBOSA *apud* BARBOSA, 1995, p. 30). Isso quer dizer que a Arte foi afastada do contato popular e reservada para os poucos e felizes, contribuindo, assim, para alimentar um dos preconceitos contra a Arte, mais acentuado em nossa sociedade, a ideia de Arte como atividade supérflua, um babado, um acessório da cultura.

A Arte nessa concepção sacralizadora é vista como uma atividade oposta às coisas sérias, coisa de desocupados, ou reservada àqueles que podem se dar ao luxo de abster-se da luta pela sobrevivência material. Os poucos oriundos das camadas populares que por ela se interessam o fazem quando são tidos por talentosos ou geniais. Entre os professores e a comunidade escolar, em geral, a mística ilusão do gênio criador todo poderoso e a roupagem elitista com que se reveste a atividade criadora são discursos tão sacralizados quanto a própria Arte e o artista. Essa crença produz várias contradições, pois mesmo tempo que sacraliza a Arte, contribui igualmente para a sua subtração do conjunto da vida, torna-a privilégio de poucos, símbolo de distinção e ao mesmo tempo um requinte desnecessário. Essa crença engendra sua força à medida que é sinônimo de *status*, mas, por outro lado, é enfraquecida pelo seu caráter de exclusão e dissociação entre os povos de uma mesma nacionalidade.

Esse discurso serve à cilada por meio da qual os opressores operam seu controle e difundem a ideia de que ao povo o estético não faz falta. Dessa maneira, contribui-se para a disseminação de concepções maniqueístas que polarizam e dividem os homens entre criadores e não criadores, cidadãos egrégios e pessoas comuns, dotados de compreensão estética e desprovidos da mesma, dignos e não dignos dos prazeres artísticos.

A história escolar dos professores é igualmente marcada por essa concepção. Muitos deles não tiveram, ao longo de sua escolarização, acesso ao patrimônio cultural da humanidade e chegam ao ensino superior sem ter desfrutado de uma estética resultante e auto constituidora do humano. Assim a escola da qual fizeram parte como alunos não lhes ofereceu oportunidade de desenvolverem sua sensibilidade artística, afetando diretamente a necessidade que atribuem à própria formação artística e de seus alunos.

Cunha (1989) afirma que a boa atuação pedagógica de seus professores é considerada por muitos dos docentes como uma grande influência em suas práticas cotidianas. Muitos, segundo a autora, relatam que os professores que marcaram suas trajetórias profissionais positivamente foram aqueles que interferiram na sua forma de ver o mundo, nas relações, ou seja, a atuação pedagógica destes extrapolava os conteúdos formais e incentivava diferentes leituras de mundo. Nem todos os professores pedagogos, aliás, só uma pequena parte deles, tiveram em sua trajetória escolar os ingredientes necessários à educação estética. Configura-se, dessa maneira, uma lógica quase cíclica: os professores pedagogos não experimentaram uma atuação pedagógica incisiva de familiarização artística e acabam, muitas vezes, por agir da mesma forma em sua atuação profissional.

Geralmente as escolas da elite fazem questão de associar às disciplinas convencionais outras de caráter estético, como forma de cultivar o espírito e a sensibilidade dos educandos. Sabem elas que quanto mais rica e diversificada for a bagagem cultural dos alunos, maior e mais complexo será seu nível intelectual. O mesmo já não acontece na educação das massas. Historicamente, somente os conhecimentos que educam mão-de-obra e preparam para o trabalho são privilegiados nessas instituições. A complexidade e sensibilidade intelectual não necessitam ser cultivados. Aliás, desde a Revolução Industrial os ideais de domesticação e subserviência estavam presentes nas escolas como uma poderosa arma empunhada pelas classes hegemônicas perante a conotação revolucionária e ameaçadora da atividade criadora (ENGUITA, 1989).

No caso dos professores, haveria a esperança de que, uma vez na universidade, esta poderia suprir a falta que tiveram em sua formação cultural até então, visto ser um fato que,

> [...] dadas as condições de trabalho dos atuais professores, os sistemas de formação não poderiam atrair os melhores produtos do sistema educativo e da sociedade. Já se disse que o drama da educação é que ela não pode aproveitar os melhores indivíduos que saem do sistema educativo para utilizá-los como reprodutores da cultura no sistema educativo (SACRISTÁN, 2002, p. 84).

Embora haja certa unanimidade na academia quanto à necessidade de os professores terem uma formação cultural, ela que pouco tem constituído temática no campo das pesquisas. Nogueira enfatiza que o fato de a universidade valorizar e prestigiar os conhecimentos para além do saber especializado não significa a oferta de condições, para que seus alunos – futuros professores – desenvolvam seus próprios processos de formação cultural, por meio de ações concretas. Esta autora assevera que caso se busque, realmente, formar um professor que tenha condições de ser protagonista na construção de uma escola emancipatória, a questão da formação cultural deverá ser enfrentada com rigor.

O exposto até aqui permite traçar o seguinte quadro de formação do pedagogo no que tange à pratica docente em Arte: com base nas categorias de Cunha (1989) e da pesquisa de Nogueira (2002), a história de vida deste profissional não contemplou experiências culturais significativas e, à semelhança do que ocorreu nas relações familiares e societais, sua escola também não mediou um relacionamento de necessidade e satisfação estética. A formação inicial, por sua vez, minimizou o conhecimento da Arte e contribuiu para que as múltiplas oportunidades do mundo da cultura permanecessem fechadas ao professor comum. Aliada a isso está de maneira intrínseca, a concepção sacralizadora da Arte, que se faz presente com mais força e amplitude do que se imagina, permeando desde a história de vida até a formação de professores.

Resta agora analisar em que medida a prática docente do pedagogo revela omissões, banalizações ou a possibilidade de familiarização no que diz respeito ao ensino de Arte. Foi necessário esclarecer logo de início os vários elementos que impedem e limitam que a docência em Arte seja exercida pelo pedagogo, para não incorrer no risco de responsabilizá-lo unicamente pelos possíveis aspectos negativos. Intenciono, todavia, que esta reflexão possa somar-se a tantas outras na defesa da conquista das condições mínimas ao desenvolvimento humano global.

Quanto à omissão, por vezes, a prática docente do pedagogo subtrai do cotidiano dos alunos conhecimentos de ordem artística. Privilegia-se no currículo outras áreas de conhecimento, sendo perceptível certa obsessão pela Língua Portuguesa e a Matemática. Se isso acontece, deve-se a vários fatores já mencionados aqui, mas que precisam ser lembrados. Em sua trajetória de vida e escolar a mesma omissão se fez presente e, conforme Sacristán (2002), se ninguém dá o que não tem, os professores que não tem cultura, são incapazes de ensiná-la nos níveis mais elementares.

Há um grupo significativo de professores que reduz a prática de Arte a recortar, colorir, colar, chulear e bordar de acordo com modelos prontos. Essas atividades, que tanto banalizam o ensino dessa área de conhecimento, remetem à pedagogia tradicional e sua característica desconsideração do potencial criativo dos alunos. Desse modo, menospreza-se a Arte como conhecimento humano, sobretudo a função político-social das criações artísticas.

Com essa postura, a escola perpetua a grande distância que se estabeleceu entre a Arte e o público, pois exime-se de familiarizar o aluno com a produção cultural de alta qualidade.

Afinal de contas, haveria ou não a possibilidade de familiarizar o aluno das séries iniciais do ensino fundamental com a Arte? Com certeza sim, embora os entraves sejam muitos, uma pedagogia da familiarização cultural é perfeitamente praticável nas escolas. Aliás, existe um grupo de pedagogos, embora pequeno, que se mostra comprometido com as práticas e reflexões artísticas. A diferença básica desse grupo em relação aos demais, consoante Nogueira, reside em sua formação cultural. Esse elemento diferenciador é que se mostra extremamente necessário à educação emancipadora. É por meio da Arte que o homem terá o direito de desenvolver-se integralmente e de expressar-se com toda a riqueza, que só pode ser oferecida mediante o contato com o coletivo das manifestações humanas o que também permite cultivar igualmente sua razão e sensibilidade.

3.1.2 O licenciado em Arte e a prática docente: impasses e desafios

Se para o pedagogo a precária formação cultural constitui um ponto nevrálgico de sua prática docente em Arte, o mesmo não acontece com o especialista. Evidentemente, a natureza da formação deste contempla bem os conhecimentos requeridos à sua atuação, seja em Artes Visuais, Música, Dança ou Teatro. Há um investimento massivo no ensino das especificidades do universo estético, ou seja, ele possui formação cultural. Em contrapartida, sua formação pedagógica não goza do mesmo prestígio.

Segundo Guimarães (2004) à semelhança de outras licenciaturas, que supervalorizam os conhecimentos específicos em detrimento dos conhecimentos pedagógicos, a licenciatura em Arte também não estabelece como prioridade o desenvolvimento da relação pedagógica. Isso implica diretamente a construção que o professor faz de seu papel de educador, as concepções e posições que apoia e nas quais se embasa, os objetivos que estabelece, conteúdos que desenvolve e a forma de executar e avaliar o ensino.

Esse aspecto da formação, que é entendido como oriundo de uma formação pedagógica, é percebido e avaliado pelos licenciandos como característica essencial do bom professor. Loureiro (1999), em pesquisa realizada com egressos das principais licenciaturas da Universidade Federal de Goiás, relata, com base em entrevista realizada com esse grupo no ano de

1996, que, exceto pelo domínio de conteúdo, a principal característica do bom professor é ter didática para ensinar. Talvez essa observação se deva ao fato de os graduandos terem sentido a falta dessa área de conhecimento em sua formação, fato comprovado pela avaliação que fizeram do curso em relação ao preparo específico para o exercício profissional. Cerca de quase a totalidade dos egressos do curso de Arte avaliou o curso no quesito formação para o exercício da profissão, como ruim e declarou necessitar de complementação acadêmica antes do exercício profissional.

O processo de profissionalização docente precisa centrar-se em uma

> [...] *perspectiva epistemológica diferenciada* (ofício pleno de saberes, construídos também em situação, portanto com características próprias e exigindo tirocínio do profissional; ofício ligado ao conhecimento) da profissão e na sua *dimensão ética* 'que resgata a utopia e a ideologia que se manifestam na intencionalidade' (CUNHA *apud* GUIMARÃES, 2002, p. 46, grifos do autor).

Nesse entendimento, a formação de professores deve veicular saberes para o desenvolvimento da profissão docente que possibilitem uma identificação com a profissão.

Segundo Loureiro (1999), quase um quinto dos licenciados em Arte tinha a percepção de que havia pouca relação entre seu trabalho e o que cursaram na graduação. Está mais do que claro que, embora a produção acadêmica sobre formação de professores tenha problematizado com ênfase a dicotomia teoria-prática e a formação específica-formação pedagógica, esse ainda não é um problema superado.

De acordo com Guimarães (2004), é corrente na literatura sobre a formação de professores a baixa ênfase na formação pedagógica, o que afeta diretamente o conhecimento de aspectos fundamentais da teoria pedagógica e didática e o desenvolvimento do modo pessoal de ser professor. O fato de a formação docente falhar na preparação para o exercício da profissão pode ser constatado nessa frase de um licenciando selecionada pelo autor "O que eu aprendi mesmo foi dando aulas e levando cabeçadas" (GUIMARÃES, 2004, p. 84). As queixas de alunos de licenciatura quanto ao desenvolvimento da habilidade de traduzir e adequar a teoria à prática cotidiana são comuns.

Outro impasse enfrentado pelos professores de Arte se refere à concepção sacralizadora da Arte, já descrita. Essa concepção afeta professores e alunos sob diversos ângulos. Dessa forma, se o aluno traz consigo definições mistificadoras e elitistas do universo da Arte, o professor terá trabalho para desatar esses nós. Muitos podem achar que esta é uma atividade para elite e que não devem se dedicar a ela, pois não possuem talento, nem dom o suficiente para as tentativas da Arte.

Existe ainda uma prática comum nas escolas que é a de trabalhar Arte apenas com um reduzido grupo de talentosos. Trata-se de uma opção pela exclusão ao direito que todo o ser humano deveria gozar plenamente de desenvolver-se de maneira integral. Exemplo claro de crença no talento, sinal da sacralização nas práticas pedagógicas artísticas. Assim forma-se um "coralzinho", ou um ateliê de desenho e pintura restrito aos dotados para esse fim e alija-se o restante dos alunos. Esse tipo de postura só contribui para o desprezo da dimensão estética como direito à formação e à conquista da cidadania plena.

Há ainda o risco de os alunos se mostrarem resistentes a um ensino de Arte centrado no conhecimento e rigoroso nas reflexões. Para eles, Arte não combina com leitura e esforço intelectual, ao contrário, é tida como uma atividade de lazer, portanto a aula de Arte é um espaço para *relax*. Resquício da pedagogia escolanovista, a supervalorização da autoexpressão corroborou para a consideração da Arte como grito da alma, e não um conhecimento construído historicamente.

De igual modo, muitos professores, imbuídos que estão, equivocadamente, do sentido da livre expressão na Arte, atuam como meros fornecedores de materiais e espectadores das atividades de seus alunos. Ignoram os conhecimentos específicos da Arte e seu papel fundamental de mediadores entre a cultura e o aluno. Eximindo-se de tal papel, que antes de tudo é humanístico, o professor deixa o aluno ao seu bel-prazer e, assim, pouco contribui com sua formação estética.

Ao atingir os professores, a concepção sacralizadora da Arte, pode, ao mesmo tempo, contribuir para a perpetuação de mitos, como desafiá-los para a compreensão das bases sociais e econômicas do mundo da cultura. Com efeito, a prática docente quando munida de definições confusas, preconceituosas e autoritárias, quanto à classe social, à alienação e ao valor estético, comete muitos equívocos, que podem resultar em significações dicotomizadas de Arte erudita e Arte popular. Essas noções povoam o cotidiano escolar e acabam por influenciar as escolhas dos professores em relação ao que deve ser ou não ensinado a essa ou àquela classe. Os frutos dessa visão trazem o dissabor da negação do direito de desfrutar do potencial estético-político das produções artísticas com a desculpa de que ao povo o estético não faz falta e de que tudo o que não "popular" é elitista e desnecessário. O inverso também pode ocorrer, ou seja, o professor pode desprezar toda a riqueza cultural circundante e inundar o aluno só com as obras canonizadas nos museus.

Ambas as posturas, por seu caráter extremista e pouco flexível, engendram preconcepções e determinações maniqueístas. Nenhuma delas colabora com a desmistificação, reconstrução e ressignificação dos fundamentos da criação artística. Promover a compreensão rigorosa do mundo deveria constituir instrumento poderoso de liberação, na medida em que a escola assumisse esse papel. No entanto, segundo Bourdieu (1996, p. 38), "a familiaridade nos impede de ver tudo o que esconde atos na aparência puramente técnicos utilizados pela instituição escolar". Dessa forma, ela pouco promove a luta contra as frações dominantes, ou melhora o acesso ao capital cultural e à percepção das regras às quais se obedece quase cegamente, nem tampouco colabora na luta coletiva pelo direito ao acesso e fruição da Arte como constituída e constituinte do ser humano.

Isso quer dizer que é possível uma comunicação entre a Arte erudita e a Arte popular, cabendo ao professor de Arte desenvolver, ao máximo, a consciência dos alunos de que essas criações não são opostas, mas, conforme lembra Rouanet (1987, p. 130), "são as duas metades de uma totalidade cindida, que só poderá recompor-se na linha de fuga de uma utopia tendencial". Exemplificando melhor, uma prática pedagógica que se pretenda igualitária e de qualidade deve considerar, na mesma medida, que seus alunos, independente da origem social, podem e necessitam conhecer Villa-Lobos e Chiquinha Gonzaga, Oswaldo Goeld e os gravadores do Nordeste, o Lago dos Cisnes e as Cavalhadas de Pirenópolis.

É possível pautar a atuação pedagógica em Arte com base em uma utopia tendencial, pois ao proceder dessa forma se favorece o revigoramento tanto da cultura popular como erudita. É necessário esclarecer que são, igualmente, manifestação da ação do homem no mundo.

> Não se trata, portanto, de exaltar um nivelamento fictício entre as duas culturas, que felizmente ainda não ocorreu, mas de reconhecer que a barbárie existe e de tentar superá-la por um antielitismo bem compreendido, ou seja, por uma política voltada contra o monopólio da cultura superior por parte da classe alta (ROUANET, 1987, p. 134).

Rouanet considera o monopólio cultural estabelecido pelas classes altas, um grande impedimento à democratização cultural. Concordo com esse autor, mas ouso acrescentar, que ignorar a cultura popular, contribui decisivamente para empurrar o povo em direção à cultura de massas. A educação em Arte, portanto, deve contemplar de igual maneira a compreensão do popular e o erudito de alta qualidade, se deseja desatar os nós da sacralização da Arte e do artista.

O papel do professor de Arte é importante para que os alunos possam se despir ao máximo dessas confusas definições. Assim procedendo, esse profissional contribuirá com o aprendizado do fazer, conhecer e perceber a Arte como parte integrante da vida do ser humano. É necessário que o trabalho com Arte possibilite o acesso sistemático aos códigos de leitura e fruição das diversas linguagens artísticas, sem que o prazer estético seja minimizado. O saber e o sabor das obras de Arte podem e necessitam se fazer presentes na educação. Tal prazer nasce principalmente da qualidade da mediação que os professores realizam, que deve, ao mesmo tempo, configurar um ato de ética e estética, de razão e sensibilidade, de conhecimento e afetividade, pois

> Ensina-se a gostar de aprender Arte com a própria Arte, em uma orientação que visa à melhoria das condições de vida humana, em uma perspectiva de promoção de direitos na esfera das culturas (criação e preservação) sem barreiras de classe social, sexo, raça, religião e origem geográfica (IAVELBERG, 2003, p. 12).

Promover o conhecimento da Arte, pelo seu valor intrínseco, pelo seu significado, como construção humana, como patrimônio comum a ser apropriado por todos, é ampliar a possibilidade de participação do aluno como cidadão, compartilhando de conhecimentos para sua interação no meio cultural. A necessidade da Arte, sua compreensão e prazer estético dependem da capacidade de desfrutar do potencial político-estético das produções artísticas. Desenvolver essa capacidade é papel da escola e mais especificamente do professor, do contrário seu aluno ficará limitado apenas à experiência cotidiana.

Ao encerrar este tópico, não trago conclusões definitivas ou suficientemente delimitadas. Assim como uma obra de arte, em que o autor nunca se dá por satisfeito, e tem várias e várias alterações a fazer, e, de igual modo, o espectador pode se dedicar longamente a explorar mais e mais os significados desse ato criador ressalto o caráter provisório desse desfecho, ao mesmo tempo em que convido o leitor para o um ingresso criador.

Embora a formação cultural do pedagogo seja restrita, bem como seja urgente a formação pedagógica do especialista e superação de todos os entraves impostos pela sacralização da Arte e do artista, é importante e possível que mais docentes estejam convencidos de seu papel diante da socialização da Arte e da cultura. Quem sabe, quando isso acontecer, as instituições formadoras de professores redefinam o sentido de formação dos professores e viabilizem uma atuação docente mais crítica e reflexiva (PIMENTA, 2002).

3.2 Arte, artista e sacralização: os ditos e os feitos da prática docente em Arte

Tomar por realidade as crenças e os discursos das pessoas, a respeito de Arte e cultura, significa converter em princípio de explicação o que está pedindo para ser explicado.

José Carlos Duran

Neste momento, trago alguns dados referentes à pesquisa de campo do tipo etnográfico por mim realizada e a análise concernente ao mapeamento do ensino de Arte no que tange à sacralização, efetuado com base nos depoimentos de professores de Goiânia, convidados a participarem de um grupo de opinião. O critério de seleção levou em conta a formação inicial que possuíam – Pedagogia e Licenciatura em Arte – e à heterogeneidade de instância da instituição em que atuam – rede privada e pública de ensino nos diversos níveis. Tal tarefa pautou-se no levantamento das concepções de Arte, artista e sacralização, presente nas declarações feitas acerca da prática docente em Arte, aqui entendida como campo de atuação de pedagogos e licenciados nesta área de conhecimento. Foi feita análise das declarações dos sujeitos em grupos de opinião divididos em dois *grupos focais*, respectivamente compostos de pedagogos e licenciados em Arte. Busquei, sobretudo, apreender de que maneira concepções consagradas e mistificadoras povoam o discurso de professores e suas as práticas educativas.

Antes de apresentar as informações e suas respectivas análises, julgo apropriado descrever, com as devidas justificativas, os procedimentos utilizados na coleta de dados. Por se tratar de um tema um tanto quanto complexo e constituído de muitas ramificações, sua investigação necessitava respeitar as sutilezas e subjetividades específicas de um conceito que impõe uma concretude objetiva e subjetiva às relações societais.

Assim, propor um questionário, ainda que aberto, foi uma opção descartada uma vez que poderia atribuir à coleta de dados uma inflexibilidade. Por receio semelhante, a possibilidade da entrevista também foi descartada. Dessa forma, optei pela realização de um debate, realizado com o grupo de opinião.

A lógica que permeou tal escolha diz respeito à preocupação de que os professores participantes pudessem se sentir autorizados a declarar e confrontar entre eles, suas práticas e concepções da Arte e do artista, bem como contrapor suas práticas sem imposições que viessem engessar a autenticidade das opiniões.

A seleção dos sujeitos obedeceu a dois critérios: homogeneidade e heterogeneidade. Como o debate foi realizado com dois grupos focais, cada qual teve de ser organizado observando-se o seguinte: homogeneidade quanto à formação profissional e heterogeneidade quanto à atuação profissional. Sendo assim, no *grupo focal* de pedagogos, só haviam sujeitos com essa graduação, mas que atuavam nas redes privada e pública de ensino, desde a educação infantil à formação de professores. Regra semelhante se fez valer na formação do *grupo focal* de Arte educadores, que foi constituído por licenciados em Artes Visuais. Cada *grupo focal* contou com sete participantes.

Com essa escolha tinha como objetivo coletar a opinião das duas categorias de profissionais já estudados e avançar no tocante à reflexão teórica já empreendida, contando com a multiplicidade de olhares que as várias facetas da atuação profissional podem promover.

Os debates realizados nos grupos de opinião tiveram uma estrutura aberta e cada participante pôde se manifestar sem uma ordenação fixa, sendo-lhe facultado a possibilidade de dialogar com os outros participantes, para complementar as questões propostas, ou discordar do ponto de vista enunciado.

A discussão promovida ao longo de cada debate transcorreu sem incidentes e contou com a anuência de todos os sujeitos, que foram por mim esclarecidos quanto ao meu comprometimento de observar os princípios éticos de pesquisa e de devolver-lhes, posteriormente, os resultados do trabalho.

A SACRALIZAÇÃO DA ARTE E DO ARTISTA

Foram estabelecidas, para o debate três questões norteadoras, que se apresentaram na seguinte ordem:

1. Concepção de Arte e artista em que acredita e que é veiculada para os alunos.

2. Qual a importância de artistas e de obras como as de Gauguin, Michelangelo, Van Gogh, Beethoven, Mozart, Bach, Vivaldi... O que representam e por que permaneceram?

3. A questão do dom, do elitismo no acesso e fruição dos bens artísticos e sua possível presença no ensino de Arte.

Sempre que uma das questões se esgotava e eu observava que cada um dos sujeitos havia colaborado com o debate, imediatamente submetia a próxima à discussão. Ainda assim, não houve qualquer impedimento para que os participantes retornassem às questões anteriores, fazendo comparações ou traçando paralelos.

Passo, agora, a relatar os depoimentos que permitiram o mapeamento do ensino das Arte no tocante à sacralização, agrupando-os pela natureza das questões e realizando a referida análise.

3.2.1 Concepções de Arte e artista

Os dados aqui analisados expressam uma seleção prévia que se orientou pela necessidade de filtrar informações que realmente se relacionassem com o tema proposto e fossem relevantes ao objeto estudado. Nesse sentido, as categorias construídas até o presente momento, constituem o aporte teórico necessário à interpretação dos dados coletados.

No debate desta questão, o *grupo focal* de Arte educadores externou opiniões que permitem a identificação de dois tipos de concepção de Arte e artista. Uma define a Arte e o artista numa relação de concretude, em que o artista é considerado um trabalhador radicado em uma realidade material que lida com a transformação de materiais e dispõe de métodos, técnicas e conhecimentos para a efetivação de tal atividade. Para expressar essa concepção, um dos sujeitos declarou que *"o artista desenvolve um trabalho com diversos tipos de material e os transforma em um objeto artístico que pode representar uma ideia, um sentimento, uma crítica, uma construção que leva o espectador a estar tendo alguns questionamentos."*. Além da concepção de artista, a análise desse trecho traz também o conceito de Arte como forma de expressão, de linguagem, e como portadora de um potencial de transformação à medida que promove questionamentos.

Em contrapartida, a segunda concepção identificada nos achados apresenta a Arte e o artista de maneira mais mística, como se o artista fosse um ser especial, que expressa *"um poderoso talento"* em sua Arte. Eis o que um participante disse: *"cada um vai jogar pra fora a sua criação e o artista é essa pessoa"*. Ainda que esse trecho seja pequeno, é possível localizar nele vários dos equívocos que uma visão distorcida de Arte e artista pode produzir. Um deles é a ênfase dada à individualidade *"cada um"* e a *"sua criação"*. Esse pensamento faz oposição ao que Bourdieu (1998) tenta resgatar nas bases da produção artística. Isso se refere à reunião de condições sociais para o desenvolvimento dos dons sociais como condição *sine qua non* da prática cultural, e evidencia que a criação tem um caráter coletivo que se torna individual sem deixar de ser coletivo. Outro ponto nevrálgico presente nesse enunciado é a expressão *"jogar para fora"*, reafirmando a criação como um estalo repentino que emerge gratuitamente, algo que pouco teria a ver com as idas, vindas e martírios da criação. O fim dessa frase – *"o artista é essa pessoa"* – é o emblema da crença de que existiriam alguns eleitos pela graça provedora para os fins da Arte.

Embora a concepção acrítica de Arte e artista aparecesse com força, em alguns momentos, a tendência à defesa de uma noção de Arte e artista menos sagrada pendia a figurar, contudo, quando os componentes do grupo eram inquiridos para confirmação de suas posições, talvez por estarem munidos de confusas definições, acabavam por reafirmar uma posição mais romântica e idealista.

No grupo dos licenciados a perspectiva crítica de Arte foi apresentada por cerca 30% dos participantes e os outros 70% coadunavam com uma visão mais sacralizada de Arte e de artista. O semelhante ocorreu no *grupo focal* composto por pedagogos, só que, neste, a porcentagem foi um pouco menos otimista e implicou cerca de apenas 20% que reconheciam a Arte e o artista em bases mais históricas e concretas.

Um dos participantes disse a seguinte frase emblemática: *"por mais que a pessoa estude artes, pinte, desenhe, se ela não tiver o mínimo de talento, ela não vai para frente"*, e outra acrescenta: *"eu tenho um filho que nunca estudou Arte e desenha que é uma maravilha. Eu sou mãe dele e não sei fazer um círculo."*. Com essa ênfase, pode-se perceber a força que a noção de dom exerce sobre a concepção de Arte e artista, fato expresso na desvalorização do entendimento de que as habilidades e competências artísticas podem ser desenvolvidas por uma ação pedagógica intensificada – *"por mais que a pessoa estude"*. Bourdieu (2003) clarifica que a ideologia do dom é utilizada pela elite para se justificar de ser o que é e aparentar como naturais, as disposições cultas que aprendeu por imersão sistemática e prolongada. A frase seguinte, então, escancara a crença de que o acaso faria em termos de distribuição de dons, representado pelo fato de uma mãe que se considerava comum, ter um filho agraciado com talentos especiais.

Para mostrar o pensamento do grupo minoritário, parece apropriada a seguinte frase proferida por um participante que atuava em uma sala com alunos regulares e alunos portadores de necessidades especiais. Acerca da concepção de Arte assim se expressa: *"depois de experimentar várias coisas descobri que Arte não têm nada a ver com genialidade e, sim, com conhecimento e sensibilidade. Minha aluna que é Síndrome de Down reconhece um Poteiro em qualquer lugar e ama artes."* Essa pedagoga retrata, em sua fala, a concepção de Arte como conhecimento a ser adquirido por um longo processo de assimilação e familiarização cultural, no qual se inclui juntamente com seus alunos – *"depois de tentar várias coisas descobri"*. Essa educadora revela que o conhecimento artístico possui códigos próprios, que devem ser ensinados a qualquer um e são os responsáveis pela construção da competência artística que favorece o indivíduo a reconhecer as obras da cultura e derivar delas prazer estético: *"[...] reconhece um Poteiro"*.

Penso que essa professora, consciente ou inconscientemente, exerce seu papel docente fazendo um tipo de escola que Bourdieu (2003) apregoa para fazer frente às relações entre o poder e a cultura – uma escola que pratica uma ação continuada e prolongada, metódica e uniforme, universal, tendendo à universalidade, capaz de provocar um grande escândalo entre os detentores do monopólio de distinção cultural.

3.2.2 Os artistas e as obras canonizadas pela cultura

Nesse ponto do debate, citei apenas o nome de alguns artistas cujos trabalhos são considerados o ápice da cultura. Sem me referir à qualidade estética de suas obras e possíveis opiniões que reforçassem o conceito de genialidade, de obra prima eterna e intocável, solicitei que problematizassem acerca de sua aceitação e perpetuação no mundo da Arte. Nos dois *grupos focais*, houve poucas divergências e elas consistem, sobretudo, na aceitação da genialidade que atribuíram a autores com Mozart, Bach, Gauguin, Van Gogh, Michelangelo.

Tanto em relação ao *grupo focal* de pedagogos quanto no grupo de licenciados em Arte, as opiniões podem ser divididas em dois blocos: o primeiro agrupa os que acreditam no poder criador sobre-humano desses autores e na inacessibilidade de suas obras, e o segundo bloco, que não se refere aos autores como gênios, apenas descreve-os como pessoas que estavam à frente de seu tempo e se sobressaíram por meio de criações inéditas.

Embora aparentemente as duas visões se mostrem opostas, no que concerne a compreensão do funcionamento do mundo da cultura, ambas estão munidas de confusas definições. Nesse sentido, se a crença no poder criador como posse de determinados eleitos é a face de uma ideia construída historicamente e que aparenta naturalidade – a ideia de que as obras de alguns artistas foram especiais e necessariamente diferentes, à frente de tudo o que existia também revela a falta de conhecimento do funcionamento do campo artístico.

Segundo Bourdieu (1996), cada campo social impõe aos seus membros uma forma de regulação das práticas e das representações que deseja tornar legítimas, baseada numa forma particular de *illusio*. No campo artístico, ela se manifesta pela crença no poder e no valor de determinada obra e de determinado autor e é exercida por uma complexa rede de relações que lhes confere autoridade e legitimidade. Dessa forma, consoante o autor, não basta que uma obra seja inédita ou diferente, mas é necessário que essa rede de complexas relações constitua o estatuto da Arte, outorgando-lhe autoridade para ser aceita e perpetuar-se.

É possível afirmar que, nesse ponto do debate, pedagogos e licenciados em Arte, mesmo os que não professam crenças aparentemente sagradas de Arte e cultura, não conhecem o suficiente as relações de dominação que naturalizam as disposições duradouras do mundo da cultura. As opiniões revelam que: *"a Arte sofreu uma evolução e cada época tem seus ícones. Certos artistas permaneceram porque fizeram algo diferente"*, que *"alguns permaneceram porque eles estiveram à frente do seu tempo, estabeleceram um diferencial dentro da linguagem individual de cada artista"* e ainda que *"o brilhantismo de cada obra, de cada artista que fez a diferença é lembrado até hoje"*. Isso, porém, não é uma explicação que desnuda a lógica cruel e excludente que leva o capital cultural ao capital cultural. Assim, se um artista possui um bom capital cul-

A SACRALIZAÇÃO DA ARTE E DO ARTISTA

tural, conseguido pelas moedas que foi acumulando – número e locais bem cotados de exposição, críticas positivas de críticos respeitados, assiduidade em espaços e eventos frequentados pela elite... –, e decide apresentar outro artista ao seu campo, possivelmente este obterá aceitação. Há uma lógica quase cíclica que faz o caminho para o reconhecimento ser mais complexo do que se imagina comumente.

3.2.3 A questão do dom, do elitismo no acesso e fruição dos bens artísticos e sua possível presença no ensino de Arte

A discussão deste último ponto do debate contou com um dado novo: a colaboração dos dois *grupos focais* no que concerne ao relato de experiências com a prática pedagógica em Arte. Para minha surpresa, os exemplos foram de iniciativa dos próprios participantes e em muito enriqueceram a análise aqui desenvolvida.

Propus, para o encerramento da conversa, que eles pensassem a respeito das noções consagradas e místicas que habitam o universo artístico – dom inato e elitismo no acesso e na fruição dos bens artísticos, argumentando sua vigência ou não no ensino de Arte.

De início, o grupo de Arte educadores destacou uma opinião comum diante da questão dos dons no ensino de Arte. Um dos participantes representa bem o pensamento de boa parte do grupo, afirmando que: *"todos nascem com maior aptidão para algo. Eu, por exemplo, não tenho dom para matemática".* Ao ouvir tal declaração, um dos participantes que atuava na formação de professores interveio, argumentando que *"depende muito da didática do professor"* tratava-se, sobretudo, de um *"processo metodológico"* e que *"além do cultivo, há a mediação docente".* Insistia ele que, caso a participante tivesse tido uma eficaz ação pedagógica em sua vida escolar, certamente teria estabelecido outro tipo de relação com a matemática, assim como qualquer aluno pode vir a cultivar-se em relação à Arte se houver uma pedagogia de familiarização cultural.

Talvez por se sentirem mais à vontade ou devido à polêmica suscitada pelo assunto, os participantes, nesse final, mostraram-se mais ativos. Logo após a argumentação supracitada, mais dois participantes externaram sua opinião: *"tem um certo dom sim, desde pequenininha eu desenho, faço caricatura e, por causa disso, minha família nunca aceitou que eu fizesse artes. É claro que a gente não vai dizer isso para o aluno, mas é verdade que existe o dom.".* O outro membro do grupo acrescenta: *"eu acredito que todo mundo tem um dom para qualquer coisa, mas tem de fazer algo específico em relação ao seu dom.".*

As posições acima revelam que, embora o professor não venha a declarar suas crenças em capacidades inatas, elas existem. É verdade que se pode entrever a intenção de não deixar que essas noções atinjam o trabalho pedagógico em Arte – "É claro que a gente não vai dizer isso para o aluno", mas eu pergunto: seria possível encarar a atividade docente munido de tal "neutralidade"? Outro ponto a ser levantado anuncia que é permitido associar as duas visões, quais sejam: a de acreditar na posse congênita de habilidades, mas que deveriam ser cultivadas. Fica outra interrogação: Os indivíduos que nasceram desapossados poderiam, ainda assim, empenhar-se no cultivo das habilidades artísticas, ou essa ação teria validade apenas para os previamente dotados?

No que se refere ao elitismo no acesso e fruição dos bens artísticos apenas um dos participantes fez um comentário. Talvez o depoimento não aponte um problema grave na Arte-educação mas, a meu ver, uma questão central no papel de democratização das relações de Arte e cultura. Ele mencionou que o elitismo no acesso à Arte é imposto pelos próprios professores, que encontram inúmeras dificuldades para uma visita ao museu como enuncia: *"muitos professores colocam dificuldade em levar seus alunos ao museu. Mas por que é difícil? É difícil porque eles mesmos colocam mitos e tabus."* Essa declaração evidencia uma tendência a culpar o professor pela falta de visitas programadas a espaços culturais, todavia, deve ser revisitada, pois a explicação para tal recusa é muito mais complexa.

Se o professor impõe mitos e tabus à frequência a espaços culturais, é porque essas mesmas noções lhe foram impostas. Conforme Bourdieu (2003), as camadas dominadas não dispõem do discernimento estético necessário à assimilação dos códigos culturais e isso impede diretamente o surgimento e a satisfação da "necessidade cultural". De acordo com Nogueira (2000), os professores possuem formação cultural restrita e suas práticas pedagógicas refletem essas limitações.

A afirmação de que *"eles mesmos colocam mitos e tabus"* já pode ser questionada, porquanto o indivíduo não pode oferecer o que não tem, mesmo em níveis elementares, e a formação cultural é uma delas (SACRISTÁN, 2002).

Outra declaração que denota pouco conhecimento acerca da formação dos hábitos culturais pode ser apreendida no depoimento de um

A SACRALIZAÇÃO DA ARTE E DO ARTISTA

participante, que enfatiza que todo o problema do elitismo, na verdade, não passa de *"preguiça cultural"*. Arguido sobre a possibilidade de essa *"preguiça cultural"* ser a ausência de uma necessidade cultural, que deveria ser desenvolvida, reafirma que realmente se trata de *"preguiça cultural"*. Bourdieu (2003) clarifica que o amor pela Arte, à semelhança de outros amores, necessita de ser cultivado. Assim, a falta da necessidade cultural é acompanhada pela falta de consciência desse desapossamento. Com efeito, essa necessidade, dada sua natureza, uma vez suprida tende a aumentar.

Acerca dessas noções no ensino de Arte, todos concordaram que vigoram e prejudicam o trabalho pedagógico. Nesse momento, as contribuições referentes às práticas docentes de efetiva familiarização cultural vieram à tona. Um participante relatou que, embora essas concepções consagradas afetem o ensino de Arte, quando se coloca a Arte em evidência, é possível promover uma iniciação artística e declara *"a criança começa a gostar de Arte se ela for influenciada. Eu resolvi estudar Arte por causa de uma professora que eu tive"*. Como diria Bourdieu (2003), a escola tem o poder de incutir no aluno o dever de admirar e amar certas obras da cultura, numa espécie de ligação que implica no sentimento de pertencimento ao mundo da Arte e da cultura. No caso dessa participante, sua fala é o emblema de uma relação que pode ser cultivada pela escola – *"começa a gostar"* se *"ela for influenciada"* e afirma ser uma prova da eficácia que um contato prolongado, assíduo e devidamente mediado pelo professor o que pode promover o cultivo da disposição culta – *"por causa de uma professora que eu tive."*

Outra professora relatou algo que para mim denota uma feliz tendência dessacralizante. Dizia ela que havia feito com seus alunos, crianças de Educação Infantil, um trabalho sobre um livro que continha um breve contexto histórico e reproduções de obras de arte e promovido várias oportunidades de fazer e reflexão artística. Segundo ela, sempre que qualquer um desses alunos deparava com as obras do artista estudado, exclamava com alegria *"'olha o Da Costa'! Como se o Da Costa fosse o tio deles!"*.

O depoimento em questão reflete as possibilidades apontadas por Bourdieu (2003), em sua obra O Amor pela Arte, em que é discutida a disposição culta e abordado o cultivo da exigência amaneirada. Segundo o autor, quanto mais cedo uma criança for iniciada nos conhecimentos de Arte, mais oportunidades ela terá de adquirir a competência artística responsável pela fruição prazerosa da obra de arte. Fato relevante é a alegria e proximidade que os alunos demonstravam em face da obra e do autor estudado – *"como se o Da Costa fosse o tio deles!".*

O grupo de pedagogos, por sua vez, problematizou as questões do sagrado e do elitismo no ensino de Arte e colocou-se, maioria deles, como reféns dessas noções. Diziam eles: *"Ao mesmo tempo em que eu acredito nesses mitos eu tento não acreditar, mas é muito difícil.".* Com muita ênfase sustentaram que, embora considerassem fundamental o desenvolvimento da criatividade do aluno, a cobrança imposta à escola consubstanciava-se na ditadura da Língua Portuguesa e da Matemática, restando pouco tempo para o trabalho com Arte. *"acho muito importante desenvolver a criatividade do aluno por meio da Arte, mas o pai reclama se o caderno está vazio.".* Apesar de essa frase revelar uma certa preocupação com o ensino de Arte, não há qualquer menção ao conhecimento artístico propriamente dito, como se a posse de códigos de leitura e informações de cunho histórico não tivessem papel determinante na construção do saber artístico, como se a criatividade pudesse se desenvolver a par de tudo isso.

A opinião de uma das pedagogas me pareceu muito coerente e ela a fez após o relato de uma experiência de ensino em Arte. Contava ela que a postura dos alunos havia mudado em relação ao conhecimento artístico depois que puderam desenvolver um projeto com artistas do movimento modernista brasileiro. As crianças passaram a solicitar aos pais que as levassem em museus e galerias, mesmo em shoppings onde havia exposições, e identificavam com entusiasmo, em jornais e revistas, reproduções de obras de arte. Ao encerrar seu depoimento, essa pedagoga declarou o seguinte *"quando a pessoa não conhece, de certa forma, aquele conhecimento está inacessível.".*

Essa professora contribuiu para a efetiva abertura dos espaços de cultura, já que, segundo o próprio Bourdieu (2003), as obras de Arte estão à disposição, pois se encontram em museus e galerias, de entrada franca e livre, mas ao mesmo tempo estão interditas, à medida que a maior parte das pessoas não possui elementos para decodificá-las.

Trabalhar de forma prazerosa e coerente com as obras da cultura promoveu uma verdadeira revolução no olhar dessas crianças que tiveram despertada a sua necessidade cultural. Uma vez que a necessidade cultural passou a existir e foi satisfeita, ela continuou a se elevar e levar esses a alunos à multiplicidade de leituras que o contato com a Arte pode promover.

A SACRALIZAÇÃO DA ARTE E DO ARTISTA

Ao fim dessa análise, ouso afirmar que os equívocos elitistas e todas as rendas do processo de sacralização realmente vigoram com força total no ensino de Arte. É, entretanto, verdade que existe um grupo significativo de professores, cientes do papel da escola quanto à iniciação artística. Assim, acredito que há motivos para renovar as forças e investir em experiências de ensino que já estão fazendo toda a diferença no crescimento da prática cultural das camadas socialmente desprivilegiadas.

CAPÍTULO 4

REVENDO MITOS E DESAFIOS

Neste quarto capítulo busco revisitar os pontos centrais desta obra, que, com certeza, não encerra nada de absoluto e definitivo. Assim, inicio minhas reflexões retomando algo que a meu ver é fundamental em um processo de dessacralização: a experiência estética como condição e produto de uma maior convivência com o mundo da Arte, como central na educação escolar em Arte. Feito isso, retorno às questões iniciais na intenção de rever alguns mitos e desafios à luz dos conhecimentos construídos ao longo da pesquisa.

4.1 A apreciação artística como experiência estética: entre os nós da sacralização da Arte e do artista

Neste tópico, busco contribuir para o debate acerca do ensino de Arte e um de seus principais papéis: o de proporcionar aos educandos experiências estéticas por meio da apreciação artística. O recorte proposto na feitura dessa tentativa visava analisar os possíveis percalços desse caminho sob o prisma da sacralização da Arte e do artista.

Para tanto, é necessário, em um primeiro momento, esclarecer ao leitor por meio de um breve conceito e esboço do contexto histórico o que vem a ser sacralização e o que entendo por apreciação artística como experiência estética. A reflexão segue tecendo comentários acerca dos efeitos da sacralização na atividade de apreciação para, daí então, apresentar os questionamentos para as quais busco respostas.

O termo sacralização é aqui formulado com base na leitura da obra de Pierre Bourdieu (1996) e de Walter Benjamim (1934) aliados ao confronto com minha prática docente e de pesquisadora da área. Para Bourdieu (1996), cada campo social, incluindo aí o artístico, impõe aos agentes uma forma particular de regulação das práticas e representações, baseada em uma forma particular de *illusio*. A *illusio* é condição e produto do funcionamento do jogo, materializa uma crença coletiva no poder e no valor sagrado das apostas. No caso do campo artístico, isso se manifesta pela crença coletiva no valor da obra e do artista e permite a estes, quando consagrados, constituir certos objetos pelo milagre da assinatura. A *illusio* é fruto de uma rede de relações que consagra e mistifica a obra de arte e o artista, ao mesmo tempo em que cerceia e impede o contato da grande maioria das pessoas com a Arte e o mundo da Arte.

Walter Benjamim, em seu texto "O autor como produtor" de 1934, busca extirpar do artista toda a mística criadora e toda aura de mistério em torno do ato de criação ao concebê-lo como um trabalhador radicado em uma realidade material com recursos e técnicas determinados à disposição. Segundo Santaella (1995), o que Benjamim quer dizer é que, quando se trata de discutir problemas relativos ao estético e no momento em que os valores sagrados começam sorrateiramente a se insinuar, subitamente o caráter de historicidade e concreção das produções humanas fica abalado e se esvai em discursos abstratos e nebulosos. Assim, o espectador/leitor/apreciador perde a possibilidade de ser colaborador e partícipe no significado das obras, que permanecem encobertas pelo manto dos valores sagrados e imutáveis.

Sintetizando: a sacralização é fruto de um processo histórico-social de uma rede de relações que consagra e mistifica a obra de arte e o artista. Ao mesmo tempo que assegura e recompensa a familiaridade de alguns com a Arte e o mundo da Arte, dificulta a democratização do acesso aos bens artísticos e mistifica a atividade criadora. Assim, o processo de sacralização gera, contraditoriamente, sua subtração do conjunto da vida.

Segundo Bourdieu (1982), a escola é um campo social que faz intersecção com outros campos sociais. Nesta medida, ao lidar com o ensino de Arte algumas noções cristalizadas, no campo específico da Arte acabarão por acompanhar e determinar de certa maneira, o *habitus* dos atores educacionais. Entre professores e a comunidade escolar, em geral, a mística ilusão do gênio criador, todo poderoso, e a roupagem elitista com que se reveste a atividade criadora estão contidas nos discursos tão sacralizados quanto a própria Arte e o artista. Essa crença produzida no poder criador do artista e no caráter elitista da Arte e da atividade criadora, contribui para a disseminação de concepções maniqueístas que polarizam e dividem os homens entre criadores e não criadores, talentosos e pessoas comuns, dotados de compreensão estética e desprovidos desta, dignos das alegrias estéticas e não dignos.

O interessante é notar que esses mesmos atores que possuem essa concepção sacralizada da Arte e da cultura também a consideram – por força das concepções elitistas – coisa para poucos e felizes, artigo de luxo, acessório da cultura, atividade supérflua, requinte de distinção reservada ao cultivo do espírito das classes sociais mais ricas. Por isso a sacralização encerra ao mesmo tempo forças e fraquezas, conquistas e perdas, privilégios e exclusões, união e afastamento, valoração e desvalorização.

Em suma as relações entre Arte, artista e público sofreram, e ainda sofrem até hoje, os dolorosos efeitos do processo de sacralização, de forma que quase ninguém, letrado ou analfabeto, se dedica a desatar os nós ou a profanar o refúgio sacrossanto da Arte e seu universo. Essa *illusio* produzida pelo campo artístico é tão sagaz que cria para a maioria das pessoas a sensação de que estão à margem do mundo da Arte e da cultura e, ainda, legitima a ilusão segundo a qual a Arte, por princípio, tenha nascido para elite (SANTAELLA, 1995, p. 19).

Feitas as considerações necessárias sobre a sacralização da Arte e do artista, é propício delimitar o entendimento de apreciação artística. As obras de Arte expressam um pensamento, uma visão de mundo e provocam uma forma específica de inquietação no observador. Trata-se de uma sensação especial, uma vontade de contemplar, uma admiração emocionada ou uma comunicação com a sensibilidade do artista (OLIVEIRA, 1944).

No contexto da apreciação artística como experiência estética, a sensibilidade e o racional não estão condenados a opor-se um ao outro, na verdade sensibilidade e emoção se unem ao racional e cada um dos dois elementos realça o outro. "A mais elevada alegria estética é sem dúvida a união da emoção com o saber" (SNYDERS, 1995, p. 145). Explicando melhor: uma autêntica experiência estética depende, na mesma medida, da sensibilidade, da emoção do espectador e dos conhecimentos acerca daquele autor, seu estilo e seus códigos de leitura. Seria como diz a poesia de Elisa Lucinda "A menina transparente": "ficar com o coração inteligente e o pensamento emocionado", numa indissociável união.

Bourdieu salienta, em seu livro *O amor pela arte*, de 1966:

> Contra a ideologia carismática que instala a oposição entre a experiência autêntica da obra de arte com 'afeição' do coração ou compreensão imediata da intuição, por um lado, e, por outro, os procedimentos laboriosos e os frios comentários da inteligência, passando sob silêncio as condições sociais e culturais que tornam possível tal experiência e tratando, concomitantemente, como graça de nascimento a virtuosidade adquirida por uma longa familiarização ou

> pelos exercícios de uma aprendizagem metódica, a sociolo-
> gia estabelece, do ponto de vista lógico e, ao mesmo tempo,
> experimental, que a apreciação adequada da obra cultural
> e, em particular, da obra de cultura erudita, pressupõe, a
> título de ato de decifração, a posse da cifra que serviu para
> codificá-la (BOURDIEU, 1966, p. 110).

O amor pela Arte não vem gratuitamente, tampouco é apreendido forçosamente com uma alfabetização estética, que dilacera a obra de arte e oferece fragmentos ao espectador. Ao contrário, esse sentimento, é fruto de um gradual processo de familiarização artística, de aquisição de códigos de leitura e de um "engravidamento" do indivíduo da necessidade cultural. A apreensão da obra de arte, no entendimento de Forquin (1982), nunca é imediata; ela pressupõe uma informação, uma familiarização, uma frequentação, "únicos elementos capazes de propiciar ao indivíduo esses esquemas, esses sistemas de referências, esse *programa de percepção equipada*, mais apto a criar no indivíduo *o amor pela Arte* do que as efêmeras ou ilusórias *paixões à primeira vista*" (FORQUIM, 1982, p. 44, grifos do autor).

Com base nesses autores, considero a apreciação artística como experiência estética, fruto de um contato sistemático e prazeroso com as obras da cultura, em que as alegrias estéticas decorrem de um exercício de sensibilidade e iniciação ao conhecimento da Arte. A experiência estética é, ao mesmo tempo, condição e produto de uma maior convivência com a Arte e deve estar no centro da educação escolar em Arte.

Agora, diante dessas considerações iniciais, resta saber: em que medida a sacralização da Arte e do artista interfere na apreciação artística? Se ela realmente afeta/dificulta a experiência estética qual recurso caberia então para resgatar as alegrias estéticas? Esses questionamentos servirão muito mais para orientar reflexões acerca dessa problemática do que necessariamente para erigir respostas totalizadoras. Pretendo que tais reflexões, de alguma forma e em algum lugar, contribuam para abalar concepções arraigadas que consideram a cultura como privilégio da natureza.

Com a breve descrição do que vem a ser sacralização, já é possível perceber, ainda que preliminarmente, de que maneira a apreciação artística estaria afetada por esse processo. Ao tornar os objetos de Arte distantes objetos de culto, sacralizados em relação às massas, o espectador desenvolve um respeito quase canônico que nada tem a ver com um sentimento de familiarização estética.

A SACRALIZAÇÃO DA ARTE E DO ARTISTA

Esse respeito e admiração condicionadamente impostos às obras de Arte sacralizadas são exemplarmente retratados em uma reportagem de um jornal local de Goiânia que intitula "Em busca de Monalisa". O título já evidencia a grande e conhecida procura pela obra-prima de Leonardo da Vinci, que, nos últimos dois séculos, se tornou "uma espécie de peregrinação artística", "um verdadeiro ritual". A maior parte do público que procura a Gioconda é formada pelos não iniciados, ou como diz a matéria, "curiosos" que aceitam com resignação "o passo a passo em fila, como num ritual milagroso para tocar a imagem da Virgem Maria e depois descarregar a tensão que traziam no peito". Ficam por quinze segundos num silêncio comedido para depois dar lugar a outro fiel com máquina fotográfica. O jornalista Welliton Carlos acrescenta que em sua maioria, os espectadores de Monalisa são apenas *voyeurs* da fama.

> Encaram a Monalisa como participante perpétua do programa *Big Brother* das Artes plásticas. Não querem saber se sua composição é mesmo revolucionária. Desejam apenas fruir o glamour da cena: quanto custa, se já foi roubada, se é grande ou pequena e qual motivo, afinal, de tanta fama.

O fetichismo artístico chegou a tal ponto que mesmo o Museu do Louvre, onde há outras tantas obras de Da Vinci, tem, preponderantemente, a sala da Monalisa lotada todos os dias e mais cinco milhões de visitantes sem poder ver a obra por ano. Ao percorrer as salas que levam à sala da obra em questão o visitante atento pode até se espantar diante de sua simplicidade comparada a outras obras italianas dos séculos XVI e XVII.

A romaria de pessoas em busca do glamour de algumas criações e de seus criadores procede semelhantemente com outras obras e artistas. Como se não bastasse ignorar o conjunto da obra do artista, os detalhes que lhe conferem riqueza e complexidade, há um gritante interesse por detalhes obscuros e sórdidos da vida do autor. Com efeito um relacionamento que a sacralização pode incentivar é o interesse exacerbado pelos detalhes sórdidos. Nesse contexto o que marca não é a qualidade revolucionária da obra de Van Gogh, mas o fato de ele ter cortado a orelha e pintado "Os Girassóis"; não se reconhece a obra de Frida Kahlo por sua inserção no movimento surrealista, mas por ter uma saúde frágil e uma vida amorosa conturbada; Beethoven é ignorado como o músico que fez a ponte entre o Classicismo e o Romantismo, contudo é conhecido como o compositor surdo (na verdade ele foi perdendo gradativamente a audição) da 9ª sinfonia. A lista poderia continuar se estendendo regida pela lógica que reduz a obra de arte e torna a vida do artista um festival de "fofocas históricas", que em nada contribuem para o desenvolvimento do senso estético.

Se retomarmos o lento, porém marcante processo de sacralização, será fácil vislumbrar os motivos que levaram o grande público a se afastar (ou ser afastado?) do contato prazeroso e significativo com a Arte. Ao se organizar como campo social, o campo artístico providenciou medidas para legitimar seu poder e dominação e uma delas foi a exclusão das massas. Somente entendendo a gênese de todo esse processo de reserva de privilégios, e aprisionamento do discernimento estético é que se poderá contribuir para a compreensão de como os tesouros artísticos estão abertos e, ao mesmo tempo, interditos à maioria das pessoas.

Segundo a própria reportagem aqui utilizada, os fãs dos quinze segundos enxergam o todo sem antes verem os detalhes, pois não conhecem as regras do ponto de fuga, perspectiva, equilíbrio, mistura de cores, adequação de superfície ao suporte. Isso não quer dizer que os museus deveriam estar fechados ao grande público, mas que sem a posse dos devidos códigos de leitura e os meios para tornar possível sua apropriação, a Arte, efetivamente não terá condições de pertencer a todos.

Em termos artísticos, não basta garantir a gratuidade aos eventos e espaços. De acordo com Bourdieu (1966), as estatísticas revelam que o acesso às obras culturais é privilégio da classe culta, e tal privilégio exibe a aparência de legitimidade, já que, por princípio, o acesso aos espaços e aos objetos é livre. Numa cidade como Goiânia-GO, essa verdade é perfeitamente aplicável: nela há vários museus com entrada franca, outras tantas obras de Arte ao ar livre, concertos gratuitos que acontecem aos finais de semana, sessões de curtas e cine cultura a preços populares. Enfim, se a frequentação por parte das camadas populares não acontece, ou se acontece de maneira equivocada, como no exemplo da reportagem, é porque naturalmente essas camadas rejeitam as práticas culturais.

A esse respeito Bourdieu (1966, p. 69) ressalta que:

> Considerando que a aspiração à prática cultural varia como a prática cultural e que a "necessidade cultural" reduplica à medida que esta é satisfeita, a falta de prática é acompanhada pela ausência do sentimento dessa privação; considerando também que, nesta matéria, a concretização da intenção depende de sua existência, temos o direito de concluir que ela só existe se vier a se concretizar. O que é raro não são os objetos, mas a propensão em consumi-los, ou seja, a "necessi-

> dade cultural" que, diferentemente das "necessidades básicas", é produto da educação: daí, segue-se que as desigualdades diante das obras de cultura não passam de um aspecto das desigualdades diante da Escola que cria a "necessidade cultural" e, ao mesmo tempo, oferece os meios para satisfazê-la.

Agora Bourdieu toca de perto no segundo questionamento: como restabelecer esses laços já tão fragilizados? Haveria alguma chance de resgatar da "necessidade cultural", aqui entendida como possibilidade de fruição estética? Para esse autor, sim! E caberia à escola acabar com o sentimento de indignidade profunda (e de incompetência) que assombra os visitantes menos cultos, que são "como que esmagados pelo respeito diante do universo sagrado da cultura legítima" bem como mantidos afastados dos museus. Ao pesquisar os museus de Arte da Europa, Bourdieu (1966) percebeu que a parcela de visitantes que tem a atitude mais sacralizante em relação ao museu decresce muito fortemente, quando a posição social se eleva (79% dos membros das classes populares associam o museu à imagem de uma igreja, contra 49% nas classes médias e 35% nas classes superiores).

Com a pesquisa de Bourdieu e Darbel ficou evidente que o caráter sagrado da Arte e da cultura afeta a possibilidade da experiência estética. De maneira análoga, o espectador trava com a Arte o mesmo tipo de relacionamento que teria com a religião: algo incompreensível, humanamente impossível de apreender, que deve ser respeitado inquestionavelmente e irrefletidamente. Aquele que assim não proceder, ou se opuser a esses cânones, está sendo herege e profanando objetos sagrados. Os lugares e os produtores da cultura são considerados templos, ou igrejas em que repousam os frutos da genialidade de seres portadores de dons sobrenaturais, acima dos reles mortais destinados às atividades produtivas que garantem a sobrevivência material.

Quem não recebeu da família ou da escola os instrumentos que somente a familiaridade artística pode proporcionar terá uma percepção da obra de arte valendo-se da experiência cotidiana e acabará no simples reconhecimento do objeto representado. "Em poucas palavras, para passar da camada primária dos sentidos que podemos penetrar com base em nossa experiência existencial", é necessário que se promova uma alfabetização estética do indivíduo (BOURDIEU, 1966, p. 79).

Sem a devida iniciação à "necessidade cultural", ou seja, à importância da Arte como constituída e constituinte do ser humano, não haverá a menor possibilidade dos indivíduos que nunca experimentaram esse prazer dele sintam falta. O não conhecimento da importância do capital cultural acaba por legitimar e reproduzir a lógica cruel de que o capital cultural vai para o capital cultural. Assim, os produtos da cultura erudita acabam circulando ciclicamente entre os membros legítimos da cultura erudita.

A sacralização da Arte e do artista impregnou de tal forma o universo artístico que alguns homens egrégios se consideram "os eleitos" para apreciar o belo por um dom da natureza, jamais como resultado de um aprendizado e familiaridade; "por algo que no limite nada tem a ver com berço e escola, dinheiro ou poder". Apoiados nessa convicção, julgam se distanciar e se distinguir das massas. Não só se sacralizaram as obras e os autores como também os membros licenciados para delas se apossarem. Além de legitimar o conceito de dom na criação artística – como forma de naturalizar e esconder as relações de dominação – apresenta-se o discernimento estético como algo gratuito, inato, impossível de ser ensinado.

Quando se nega o vínculo entre cultura e educação, legitima-se os privilégios herdados e a natureza dos homens que estão fadados ao desapossamento cultural. Bourdieu (1966, p. 167) é enfático nesse sentido ao afirmar que

> Para que a cultura possa desempenhar sua função de legitimação dos privilégios herdados, convém e basta que o vínculo – ao mesmo tempo, patente e oculto – entre a cultura e a educação seja esquecido ou negado. A ideia conatural de uma cultura de nascimento, de um dom cultural, outorgado a alguns pela natureza, pressupõe e produz a cegueira relativamente às funções da instituição que garante a rentabilidade da herança cultural, além de legitimar sua transmissão, dissimulando que ela desempenha tal função: a Escola é, com efeito, a instituição que por seus veredictos formalmente irrepreensíveis transforma as desigualdades diante da cultura, socialmente condicionadas, em desigualdades de sucesso, interpretadas como desigualdades de dons que são, também, desigualdades de mérito.

Ao se eximir do papel de criar a necessidade cultural, ao mesmo tempo em que provê os meios para satisfazê-la, a escola contribui para a disseminação de uma concepção mística sobre a experiência estética como graça de alguns eleitos. O papel da educação deve ser o de promover, de forma rigorosa e sistemática, desde os primeiros anos de escolaridade, o contato direto com as obras, ou pelo menos um substituto, que possa aproximar-se dessa experiência. Sem exercer esse papel, a instituição escolar abdica de um poder capaz desafiar o monopólio da distinção culta (BOURDIEU, 1966).

A SACRALIZAÇÃO DA ARTE E DO ARTISTA

Essa instituição deveria desenvolver a função específica de criar as disposições que fazem o homem culto, incitando à pratica cultural aqueles que não a encontraram no seio familiar, pois "ao se omitir de fornecer a todos o que alguns recebem da família, o sistema escolar perpetua e sanciona as desigualdades iniciais" (BOURDIEU, 1966, p. 108). Caso não assuma essa função, o sistema escolar será negligente em sua primordial função: a de ampliar ao máximo as referências culturais de seus alunos, potencializando a leitura de diferentes linguagens artísticas.

Para finalizar este item, recorro a Snyders (1995) afim de asseverar que, embora seja necessário um investimento massivo da escola em ensinar a disposição culta, os códigos de leitura das obras que permitirão uma melhor experiência estética, ela jamais deve esquecer de primar pelas "alegrias culturais". Para que a dor – da exclusão, da injustiça, da incerteza e da miséria – seja transmutada em esperança, não como descoberta, mas avivada na iniciação cultural, na experiência estética e nas vibrantes possibilidades de sentir e se conhecer como humano.

4.2 Revendo mitos e desafios: o papel da educação

Neste texto proponho-me uma tentativa de síntese, que contemple os necessários avanços em relação aos capítulos anteriores. Ao longo desta obra, a gênese e o processo sócio histórico de sacralização foi investigada como forma de compreender, radicalmente, o processo de sacralização, ou seja, compreender a raiz, o princípio de muitas noções consagradas e mistificadoras que povoam o mundo artístico e são tomadas como naturais. A investigação teve seguimento com o estudo da Educação Brasileira no que diz respeito ao ensino de Arte, apresentou uma discussão sobre o papel do docente e os processos de formação profissional e cultural, necessários à atuação pedagógica em Arte.

Agora, toda a temática desenvolvida nos capítulos anteriores é retomada sob outro prisma, no intento de revigorar as reflexões já expedidas na análise de um viés diverso, provocativo e, sobretudo, que possibilite a necessária síntese e os devidos avanços teóricos.

Falar da sacralização da Arte e do artista pode, na maioria das vezes, produzir a sensação de que existe um círculo de fogo que exerce uma dupla função: ao mesmo tempo que aquece e ilumina a exigência amaneirada da elite, aprisiona e incendeia o senso estético das massas. Assim, há o risco de que a investigação conduza a um entendimento fatalmente reprodutivista do atual cenário de democratização do acesso e fruição dos bens artísticos.

Alerto e esclareço o leitor que esta não foi minha intenção. Se os frutos da análise até então realizada, por ventura, causaram o dissabor das impressões, é porque a composição da obra ainda não está completa. Dessa forma, optei por iniciar a feitura desta delineando bem os planos de fundo, para depois contemplar a produção dos primeiros planos. Nesse sentido, os primeiros escritos desempenharam tal papel na composição da obra e agora, após as imprescindíveis construções e descobertas, dedico-me à parte final da construção. É nesse momento que a luz e a perspectiva de mudança contrastam com a penumbra e as linhas de construção marcantes e duras dos planos de fundo, tentando dessa maneira, produzir um quadro que trouxesse, igualmente, a necessária compreensão crítica da realidade e de suas possibilidades de transformação.

Desse modo, buscarei aqui objetivar a forma dos primeiros planos, como construção de novas perspectivas para a compreensão dos mitos e enfrentamentos dos desafios impostos pela sacralização da Arte e do artista. Busco, assim, contribuir para a compreensão do desenvolvimento humano total, mais livre de preconceitos e dogmas e propenso à superação de injustiças e negações quanto ao direito de desfrutar de uma totalidade das manifestações humanas.

O trabalho de rever as várias ramificações do longo e frutífero processo de sacralização da Arte e do artista, com certeza não é dos mais simples. É, contudo, um desafio possível e necessário de ser encarado já que é tarefa das mais urgentes e ainda apresenta um aporte teórico coerente e pouco explorado, qual seja a sociologia da cultura, na qual Pierre Bourdieu com ardor esmerou-se. Dessa forma, o tema aqui desenvolvido exigirá um cuidadoso exame dos mitos anteriormente elencados aliado à possibilidade de superação vislumbrada na obra de bourdieusiana.

Logo de início, é necessário recorrer à máxima de Bourdieu (1996, p. 98) segundo a qual "não há instrumento de ruptura mais poderoso do que a reconstrução da gênese". Isso implica reconhecer que, antes de quaisquer outros argumentos, entender radicalmente a gênese do objeto é condição *sine qua non* para o enfrentamento da necessária ruptura do que está conformado com toda aparência do natural.

Na verdade, rever mitos e desafios é uma atividade que se interliga em uma existência quase simbiótica, uma vez que o próprio exercício de desnudar a realidade e ir a fundo na compreensão da gênese de certos processos que configuraram fatos e conceitos como naturais, já traz nele mesmo o germe da superação. Unidos em um único e mesmo ato, remover o véu sacralizador das coisas da Arte e da cultura e entrever os mitos despidos de sua roupagem elitista e mística tem também a conotação de desafiar as bases da compreensão da atividade criadora e do acesso e fruição aos bens artísticos.

Embora ao longo dos capítulos anteriores a desmistificação ter sido tratada, é no presente capítulo que busco conferir maior nitidez ao conjunto da obra. Nesse sentido, os capítulos anteriores delinearam a gênese do objeto em questão, buscaram precisar-lhes os contornos, traçar a distribuição dos planos, e agora, o feitio da obra carece de detalhes que irão atribuir-lhe o sentido de articulação com o todo, com o conjunto. Além disso, trata-se de uma construção que em cada linha, ponto, cor, textura e luminosidade persegue avanços no que diz respeito à plenitude de sentidos. Essa plenitude pode promover uma compreensão mais ativa, transformadora e transformante, no que tange a uma visão menos romantizada e idealista da Arte e do artista.

Com base no conceito anteriormente delineado, a análise aqui empreendida pauta-se na revisão de seus dois eixos centrais: **a sacralização** vista do lado **da Arte** com suas respectivas ramificações – a obra de arte eterna e intocável, o elitismo no acesso e fruição artística; e **a sacralização do artista,** que diz respeito à mistificação da atividade criadora e a distância em relação ao artista e seu público. A opção por agrupar os mitos didaticamente em duas categorias deve-se à necessidade de organização sistemática, contudo os dois eixos se interpõem e se implicam mutuamente. Outras ramificações são contempladas ao logo desse ensaio como consequências desses eixos centrais. Assim, escolho iniciar esta análise atendo-me ao debate **da sacralização do artista,** expressa pelo conceito de genialidade, dom, capacidade nata de desempenhar atividades fora do comum.

Creio que uma das noções centrais para o entendimento do conceito de sacralização é o mito do gênio criador e seus dons sobrenaturais. Considerado em toda a sua mística inacessibilidade que historicamente passou a envolver com uma aura a figura do artista e, por conseguinte, a atividade criadora, cristalizou-se processualmente a noção de que a atividade do artista passa ao largo da concretude material das relações humanas e que, portanto, é uma tarefa à qual seres comuns e não devidamente dotados não deveriam se dedicar.

No que diz respeito ao conceito de genialidade e habilidade inata, Hauser (1998) oferece ampla fundamentação histórica para uma investigação que fornece dados à análise de elementos sacralizadores da figura do artista presentes desde a Pré-História até a solidificação deste conceito na Era Moderna com o Renascimento. Nos primórdios da humanidade, a figura do artista foi precursora da classe sacerdotal e a primeira categoria a sobressair-se da massa indiferenciada. O artista reivindicava, à época, uma espécie de carisma que lhe daria direito de eximir-se das atividades corriqueiras, significa que desde cedo os homens começam a ter consciência do poder criador sobre a realidade e, por conseguinte, artista e sociedade iniciam uma complexa rede de relações capaz de sustentar o luxo de um especialista.

Embora a Pré-História apenas sinalize para a origem de mitos e privilégios, é válido ressaltar que mesmo de maneira primitiva já se acalentavam noções sacralizantes. É verdade que por meio de uma longa jornada na qual em cada momento guardou peculiaridades, a figura do artista e seus dons sobrenaturais, sempre se fizeram presentes. Somente no Renascimento, todavia, "descobre-se" com força total a nobreza do artista. Agora ele é tido como modelo de perfeição e genialidade como expressão suprema da natureza do espírito humano e de seu poder sobre a realidade. Passa então a gozar de honrarias antes atribuídas somente a príncipes e heróis.

Cuidadosamente gestada, essa noção foi tecida em tramas tão complexas e bem articuladas que quase não deixou brechas para puxar um fio, sequer, que desestruture essa composição. No entanto, Bourdieu (1996, p. 98) clarifica o papel da reconstrução da gênese e enfatiza seu significado, afirmando que

> Ao fazer com que ressurjam os conflitos e os confrontos dos primeiros momentos e, concomitantemente, os possíveis excluídos, ela reatualiza a possibilidade de que houvesse sido (e de que seja) de outro modo e, por meio dessa utopia prática, recoloca em questão o possível que se concretizou entre todos ou outros.

Assim reconstruir a gênese do processo de sacralização da Arte e do artista e deslindar as complexas relações que pautam a existência de suas ramificações é um dos primeiros caminhos tomados na revisão dos mitos e proposição dos desafios para uma superação. Afinal, não se trata apenas de compreender como tudo ocorreu, mas de considerar que houvesse sido e de que seja de outro modo.

A SACRALIZAÇÃO DA ARTE E DO ARTISTA

Essa contextualização histórica já permite perceber que talvez pudesse existir um outro possível. Não me refiro à possibilidade de que a noção de genialidade e dons não vigorasse, mas ao fato de que "escovar a história a contrapelo" – como diriam os frankfurtianos – pode tirar as vendas que a familiaridade coloca aos nossos olhos, impedindo uma visão do que se esconde em atos, na aparência, puramente corriqueiros.

A noção de dom foi meticulosamente construída, não apenas para erguer a classe artística a todo o custo, mas, sobretudo, para "permitir à elite se justificar de ser o que é" (BOURDIEU, 1998, p. 59). Assim, essa noção contribuiu e contribui para a perpetuação de privilégios sob o forte argumento de que o destino social se deve a uma "simples questão de trabalho e de dons". Os que não atingem o sucesso o devem "à sua natureza individual e à sua falta de dons". A ideologia do dom serve, dessa maneira, ao trabalho de conservação social, que credita ao dom um grande número de desigualdades. Essas, entretanto, antes de tudo são desigualdades sociais.

No que diz respeito ao mundo da cultura, as noções de dom e genialidade aparecem com maior ênfase, visto se apoiarem no argumento de que somente o talento pode garantir a prática cultural. Então, se as camadas sociais desfavorecidas não desenvolvem seu potencial criativo, isso se deve ao fato de que não foram agraciadas com "dons inatos", entretanto o próprio Bourdieu (1998) esclarece que os detentores estatuários da cultura esforçam-se para conferir toda a aparência do inato àquilo que adquiriram às custas de longa e sistemática imersão. Dessa forma, não existiriam "dons naturais" e sim "dons sociais" já que são expressão do *ethos* de classe e materializam os gostos, necessidades e habilidades requeridas de cada uma.

Diante do exposto indago: o que justificaria a existência de artistas oriundos das camadas populares que obtiveram grande reconhecimento? A resposta: dom social! Para exemplificar, analisarei o caso de Cândido Portinari, que tem amplo reconhecimento e obras hoje avaliadas em milhões de dólares. Nascido em uma humilde fazenda na região de Brodósqui, oriundo de uma família de camponeses sem recursos materiais ou culturais significativos. O motivo para o seu interesse pela Arte e consequente ingresso no meio artístico devem-se às oportunidades sociais que lhe aprouveram.

Em primeiro lugar, Portinari sofreu, ainda na infância, um acidente que lhe estropiou a perna direita, o que contribuiu decisivamente para que se afastasse dos afazeres masculinos nas lavouras de café. Dessa forma, restringido ao espaço doméstico, teve mais tempo de observar e até dedicar-se aos afazeres tipicamente femininos, como os de fiar, tecer, bordar, costurar e, por conseguinte, de dedicar-se a atividades que envolviam um tipo de conhecimento e habilidade artística, ainda que sem rigor acadêmico.

Em suas andanças pelo pequeno vilarejo de Brodósqui, observava com longa demora o trabalho de restauração de uma igreja, trabalho que de tanto observar foi convidado, ainda menino, a participar com tarefas menores. O interesse pelas Artes Plásticas tinha reunido bons ingredientes, a saber: a possibilidade de afastamento de uma extenuante jornada de trabalho responsável pelo adormecimento das sensibilidades, e o contato sistemático com cores, formas e todos os elementos da composição pictórica na artística tarefa do artesanato e posteriormente na restauração.

Após Portinari ter experimentado o gosto pela criação artística, restou-lhe seguir o não fácil caminho de aceitação no campo artístico. Cursos de Arte, frequência a ateliês famosos, bolsa de estudo na Europa e pintura de retratos da elite brasileira foram algumas das moedas utilizadas pelo artista na conquista de capital e autorização no campo.

Embora o valor estético das obras de Cândido Portinari seja, de fato, relevante, pode-se notar que não há reconhecimento em qualquer campo, sem que uma complexa rede de relações crie a crença no valor de determinada obra e autor. É possível afirmar, por essa lógica, que nomeados e reconhecidos reuniram elementos sociais para a sua constituição tanto do ponto de vista do desenvolvimento criativo pessoal, quanto da valorização no campo. Desse modo, tornar-se artista implica, na mesma medida, ter condições sociais de iniciação artística e de capitalizar-se suficientemente para ingressar e perpetuar-se no campo.

Na verdade, segundo Bourdieu, não existem gênios de fato ou algo que distinga divinamente certos seres humanos, contudo o que há é uma complexa rede de relações que confere autoridade e legitimidade a certa obra e autor, outorgando-lhe a crença em seu poder criador. É por esse caminho que se constroem os mitos que povoam o imaginário das pessoas com toda a aparência do natural.

Uma vez revisado o mito, o que dizer então acerca dos possíveis desafios por ele engendrados? Haveria, além da reconstrução da gênese, aqui já descrita sinteticamente, outra trajetória possível? Sim, o outro possível está contemplado na possibilidade de criação de "condições sociais" capazes de fazer que os "dons sociais" sejam desenvolvidos. Em primeiro lugar seria necessário oferecer ao indivíduo a chance de conhecer outros viáveis históricos de formação humana, que ultrapassem as barreiras da luta pela subsistência material, e possam dizer-lhe de outros modos de ver e sentir o mundo, de tal forma e a tal ponto que possa servir-se dessa visão.

Bourdieu (2003) sustenta que existe uma relação entre o indivíduo e a escolha do destino social, e que não há como sentir necessidade ou desejar algo cuja existência é desconhecida. Dessa maneira, muitos não se aventuram nos melindres da criação artística por não conhecer suficiente seus meios e fins.

> Por um lado, como se sabe que os ideais e os atos do indivíduo dependem do grupo ao qual ele pertence e dos fins e expectativas desse grupo, vê-se que a influência do grupo de pares – sempre relativamente homogêneo quanto à origem social, de vez que, por exemplo, a distribuição das crianças entre os colégios técnicos e os liceus e, no interior destes, entre as seções, é, muito estritamente, função da classe social – em redobrar entre os desfavorecidos, a influência do meio familiar e do contexto social, que tendem a desencorajar ambições percebidas como desmedidas e sempre mais ou menos suspeitas de renegar suas origens (BOURDIEU, 2003, p. 50).

As atitudes dos membros das diferentes classes sociais diante do universo da Arte e da cultura são expressão dos sistemas de valores implícito ou explícito que sua posição social impõe. Assim, dizer, por exemplo, "isso não é para nós" é mais do que dizer "não temos meios para isso", é o emblema de um destino e, ao mesmo tempo, de uma necessidade interiorizada, que exprime igualmente uma impossibilidade e uma interdição (BOURDIEU, 2003).

Dessa forma, escolher ou não ser artista, ou apenas dedicar-se a essa atividade mesmo que sem fins profissionais, não é uma decisão tomada ao sabor do gosto pessoal. A verdade é que a maioria das pessoas determina o próprio destino com base no destino difundido e desejado pelo meio social e justifica sua escolha e o êxito alcançado em razão das diferenças de dons. A legitimidade necessária à perpetuação de desigualdades sociais e hegemonia das camadas dominantes é assim cada vez mais reforçada.

Talvez os argumentos possam aparentar certa insistência de que o indivíduo escolha a carreira artística, contudo, não se trata de cunhar o caminho que o leve a tal destino. Ao contrário, trata-se, sobretudo, de não vetar a possibilidade de que ele tenha um conhecimento que antes de tudo é humanístico e que caso venha a se interessar pelo ingresso nos meandros da produção artística, esta lhe seja uma trajetória possível. Diz respeito a não negar aos menos desfavorecidos o direito a um saber, que como poucos, combina prazer e intelectualidade, razão e sensibilidade, objetividade e subjetividade, enfim é símbolo de uma totalidade há muito cindida nesta sociedade.

Semelhantemente a Portinari, que reuniu elementos e condições sociais de desenvolver seus dons sociais, por meio da convivência sistemática, ordenada e metódica com a produção artística, é preciso que seja ofertada ocasião para que essa experiência seja proporcionada ao indivíduo caso se tenha em conta familiarizá-lo com outro possível histórico.

Atualmente os melindres da produção artística são ensinados em diversos Centros de Arte e de Cultura, mantidos pelo governo e de acesso livre e gratuito. Dispõem de professores devidamente habilitados e meios condizentes com o desenvolvimento do espírito criativo e iniciação nos códigos artísticos. Seus frequentadores, no entanto, não são constituídos por membros das camadas sociais mais desfavorecidas, e esses centros acabam por extensão abrigando os já iniciados na cultura no seio familiar.

A criação de "condições sociais" não é tarefa simples e muito menos passível de execução ou retorno rápido, pois, em se tratando de cultura, é necessária uma acumulação que pressupõe um trabalho de inculcação e assimilação. Com efeito, envolver o indivíduo na e com a atividade artística requer a criação de uma atmosfera favorável a que a cultura se torne integrante da pessoa. E como isso poderia ocorrer? A frequência a museus, galerias, teatros, concertos, Centros de Cultura e tudo o mais, com certeza, é fundamental na construção do espírito cultivado. É fato, contudo, que as pessoas que mais precisariam investir na construção de seu capital cultural, não frequentam tais ambientes justamente por desconhecer sua importância, ou não se achar dignas (por vezes, desconhecem sua existência ou localização).

É por essa lógica que os Centros de Cultura, embora mantidos pelo poder público e de livre acesso, acabam se tornando a "Casa dos homens cultos", já que por falta de capital cultural suficiente, os membros das classes sociais mais desfavorecidas, sentem-se excluídos (BOURDIEU, 1998). Utilizar o espaço desses centros, diretamente, e sem qualquer introdução ou mediação sistemática, certamente não inculcará em seus visitantes a necessidade cultural e até mesmo inclusive reforçar a distância inicial perante os signos da cultura. O caminho é um pouco mais longo e tem mais curvas do que se pode imaginar, como diria o próprio Bourdieu:

> E como poderia ser diferente? Se se sabe que o interesse que um ouvinte pode ter por uma mensagem, qualquer que seja ela, e, mais ainda, a compreensão que dela venha ter, são, direta e estritamente, função de sua "cultura", ou seja, de sua educação e de seu meio cultural, não se pode senão duvidar da eficácia de todas as técnicas de ação cultural direta, desde os Centros de Cultura até os empreendimentos de educação popular, que, enquanto perdurarem as desigualdades frente à escola (única instituição capaz de criar a atitude cultivada), apenas contribuirão para disfarçar as desigualdades culturais que não conseguem reduzir realmente e, sobretudo, de maneira duradoura. Não há atalhos no caminho que leva às obras da cultura e os encontros artificialmente arranjados e diretamente provocados não têm futuro (BOURDIEU, 1998, p. 62).

Em outras palavras, e para ressaltar o sentido da citação, não existe outra instituição capaz de iniciar culturalmente as camadas dominadas além da escola. Em uma sociedade como a brasileira, em que a escolarização fundamental é obrigatória, não há outro espaço em que o indivíduo possa ter um contato sistemático e processual com a cultura, ao longo de pelo menos nove anos.

Embora Bourdieu tenha ficado conhecido no meio acadêmico intelectual brasileiro por sua obra *La reproduction*, de 1970, que gerou uma repulsa em virtude de sua visão sobre o papel da escola tida como reprodutivista, busco em sua obra um outro viés pouco explorado, qual seja, o da escola como espaço de compensação em face das desigualdades de cultura preexistentes. A escola seria a instituição capaz de dirimir as consequências funestas da sacralização da Arte e do artista, visto suas ações serem capazes de repercutir positivamente no capital cultural de seus alunos.

Assim, antes de reportar-me às possibilidades pedagógicas do universo da cultura que a escola desempenha, julgo apropriado ir até o debate da sacralização da Arte, para então elencar os princípios de superação engendrados pela escola na obra de Pierre Bourdieu.

A sacralização da Arte, à semelhança da sacralização do artista, apoia-se na questão do dom, só que aqui consubstanciado no dom da visão tido como habilidade nata e amor pela Arte. Esse dom representa a mística de que a experiência estética é reservada aristocraticamente a alguns eleitos, enquanto aos outros, tidos como pobres de espírito, restaria ficarem eternamente alheios a tal experiência, impossível de ser adquirida ou desenvolvida.

As ramificações dessa visão envolvem a (im)possibilidade de acesso e fruição dos bens artísticos, afetando igualmente a frequência aos espaços de cultura, a postura diante de suas obras e o mito das grandes e intocáveis obras de arte. Sendo assim, simboliza a distância que se estabeleceu entre a Arte e o grande público. Desta forma, o grande público se comporta como se estivesse diante de uma raridade, não são os objetos da cultura, que são raros, mas a propensão a consumi-los, que, diferentemente das "necessidades básicas", são produto da educação, segue-se daí que a "necessidade cultural" é criada (BOURDIEU, 2003).

A sacralização é tão concreta que a parcela da população ainda que desprovida da necessária iniciação artística, ainda se aventura a adentrar os recintos culturais, o faz com um respeito quase canônico e infundado. Essas pessoas comparam o espaço do museu ao da igreja, e, como fariam num ambiente religioso, vagueiam sem sentir-se no direito de questionar ou reconstruir os significados já impostos. Se a lógica religiosa quer e impõe-se absoluta e exige obediência incondicional, os santos lugares da Arte conseguem provocar as mesmas sensações de inacessibilidade mística e distância sobrenatural.

> Nesses lugares santos da Arte em que a sociedade burguesa deposita as relíquias herdadas de um passado que não é seu, palácios antigos ou grandes mansões históricas aos quais o século XIX acrescentou edifícios imponentes, construídos quase sempre no estilo greco-romano dos santuários cívicos, tudo contribui para indicar que, à semelhança da oposição entre sagrado e profano, o mundo da Arte se opõe ao mundo da vida cotidiana: a intocabilidade dos objetos, o silêncio religioso, imposto aos visitantes, o ascetismo puritano dos equipamentos sempre raros e pouco confortáveis, a recusa quase sistemática de toda didática, a solenidade grandiosa da decoração e do decoro, colunatas, amplas galerias, tetos pintados, escadarias monumentais, tudo parece feito para lembrar que a passagem do mundo profano para o mundo sagrado pressupõe, como afirma Durkheim, "uma verdadeira metamorfose", uma conversão radical das lentes; e que o estabelecimento de relações entre os dois universos "é sempre, por si só, uma operação delicada que exige precauções, assim como a iniciação mais ou menos complicada", além de ser "impossível sem que o profano perca seus caracteres específicos, sem que ele próprio se torne, de uma forma, e em certo grau, sagrado" (BOURDIEU, 2003, p. 168).

No curso do tempo, esses recintos sagrados tiveram sua origem ainda na Antiguidade e apoiavam-se no espírito grego de subjugar todas as outras esferas da vida ao ideal de beleza e perfeição humanas. Todo o dogmatismo precedente dá lugar a uma grande liberdade intelectual e estética, o que veio determinar sobremaneira a relação desse povo – livre e amante da imaginação criativa – com a Arte. Foram eles os responsáveis pela gênese das primeiras coleções de obras de arte, com direito a cópias para preencher lacunas e são os precursores de nossos museus e galerias de hoje. Emblema do refúgio a que foram submetidas as obras de Arte e demarca acesso restrito à elite, esse "recinto sagrado" dificilmente seria de domínio de escravos (HAUSER, 1998).

Embora nesse momento o espírito grego não visse com bons olhos o autoengrandecimento, ignorando a figura do criador, era capaz de sacralizar a Arte e estabelecer com as obras a mesma relação que tem com suas divindades, já que, em sua maioria eram a representação das entidades sagradas. A contemplação apaixonada, a reverência religiosa e a adoração ascética, base do relacionamento pregresso do espectador com a Arte, parece não estar distante do atual relacionamento imposto pelos museus e galerias aos visitantes.

Se, em sua gênese, os princípios que regiam esses recintos seriam tais que o grande público já se encontrava alijado; atualmente, os ideais de distinção e, por conseguinte, de exclusão, sofisticaram-se a tal ponto que se reforçam e se imbricam mutuamente, porém a distinção só existe em face da exclusão de uma grande maioria dos signos de salvação cultural.

Assim, as camadas dominantes esforçam-se para creditar ao dom o que receberam de maneira osmótica, por herança; um legado de aptidões e virtudes que representa um *habitus* de classe, que, no caso em questão, é a própria exigência amaneirada, o bom gosto, o fino trato, a habilidade oral, o discernimento estético, transmitido pela imersão em um grupo social e pela interiorização de um *ethos* de classe.

De acordo com Bourdieu (2003), os "detentores estatuários das boas maneiras" encaram com receio a existência de informações escritas ou faladas a respeito das obras expostas, sob o forte argumento de que as palavras ou gestos são acessórios desnecessários à obra e acabariam por ignorar o interesse suscitado pela obra nela mesma. Preferem eles a representação carismática da relação com a obra de arte, reforçada pelo mito de um gosto inato, que nada teria a ver com um processo de aprendizagem ou força de influências, ao contrário seria inteiramente dado desde o nascimento, com a aparência de que a natureza culta preexistiria à educação.

É necessário ressaltar que existe a dimensão social dos meios de apropriação dos bens culturais e, como diria Bourdieu (2003), essa dimensão é que constitui um privilégio apenas daqueles dotados do discernimento estético indispensável à apropriação devida das obras da cultura.

A busca da dimensão social da apropriação dos bens culturais foi bem investigada por Pierre Bourdieu em seu livro O Amor pela Arte. Nesta obra, o autor compreende que a disposição culta, refletida na necessidade cultural do indivíduo versus a satisfação dessa necessidade cultural, é tanto maior quanto maior for o nível de escolaridade, dado qualitativamente diferenciado se essa formação for de cunho clássico e se a família de origem possuir bom nível cultural. O fator determinante, contudo, sobre todos os outros, ainda é o nível de instrução.

Pode-se dizer, pelo acima exposto que interessar-se ou não pelo cultivo do espírito depende em grande parte do sucesso escolar, o que, por sua vez, remete às diferenças sociais preexistentes em matéria de cultura. Com efeito, o fato é que a plenitude da competência artística sempre aparece sob a forma de um belo dom da natureza, que nada teria a ver com berço e escola, dinheiro ou poder, jamais resultado de um aprendizado formal (DURAND *apud* BOURDIEU, 2003).

A verdade é que todas as explicações místicas acerca do universo da Arte e as críticas às iniciativas de proporcionar meios para tornar possível a apropriação cultural refletem relações de dominação que legitimam privilégios.

Embora as iniciativas de interferência didática possam incentivar uma forma de contemplação considerada inferior, elas significam a possibilidade de aprender a compreender e de deleite estético. É fato que o público não iniciado contentar-se-ia com informações, ainda que desatualizadas, mas que o ajudassem a administrar a angústia que tem ao se sentir só diante de uma obra de arte indecifrável, pois o interesse do ouvinte por uma mensagem cresce à medida que sua compreensão ocorre. Dessa forma, a obra de arte começa a existir como tal, só a partir do momento em que passa a ser percebida, ou seja, decifrada e saboreada. Assim, apesar de o acesso aos tesouros artísticos estar aberto gratuitamente está, ao mesmo tempo, interdito à maior parte das pessoas, posto em que o desapossamento cultural não permite a necessária prática cultural requerida pelos ambientes culturais.

A sacralização da Arte e a sacralização do artista implicam-se mutuamente, embora a primeira tenha precedido historicamente a segunda, ambas se reforçam e são, ao mesmo tempo, produto e condição do funcionamento do campo artístico. Isso quer dizer que a noção de dom afeta tanto a possibilidade de desenvolvimento das habilidades artísticas quanto a capacidade de aproximação das obras da cultura e do desfrute de seu sabor estético. Mistifica a figura do artista e da atividade criadora e impõe um afastamento em relação às obras e aos recintos da cultura. Assegura e recompensa a familiaridade de alguns com a Arte e o mundo da Arte e exclui uma grande parcela do direito a desfrutar do potencial político-histórico da Arte, sob o argumento de que o povo é desinteressado, inculto e pouco talentoso.

Como romper com esse círculo de fogo abrasado pela sacralização da cultura? Inicialmente já mencionei o pensamento de Bourdieu, segundo o qual a escola é a instituição capaz de dirimir as consequências funestas da sacralização da Arte e do artista, visto ser a única instituição capaz de proporcionar uma imersão sistemática e positiva na formação do capital cultural de seus alunos. As possibilidades pedagógicas perante o universo da cultura são ampla e apropriadamente discutidas pelo autor e remetem ao fim colimado deste livro, que é o de propor desafios à prática pedagógica em Arte.

O reconhecimento do papel da escola evidência em uma crença pessoal e profissional de que não existe outro caminho possível para que as camadas populares gozem da plenitude de direitos de uma cidadania que também se quer plena. Num país como o Brasil, em que a maior parte dos direitos é negada, resta à escola desempenhar com vigor sua função de exercer com todo o ardor exigido a mediação entre os indivíduos e os conhecimentos de toda a sorte, conscientizando-lhes de seu desapossamento cultural, das consequências e intenções ocultas desse desapossamento.

O argumento já conhecido de que a escola tende a subtrair o tempo dedicado ao ensino de Arte pode ser um entrave ao desempenho de seu papel na incitação da disposição culta. Bourdieu, entretanto, clarifica essa relação, ao enfatizar que um dos primeiros papéis da escola é o de enunciar ao indivíduo o sentimento de pertencimento ao mundo da cultura, assim

> Mesmo que a instituição escolar reserve apenas um espaço restrito para o ensino propriamente artístico, mesmo que, portanto, não forneça nem uma incitação específica à prática cultural, nem um corpo de conceitos especificamente adequados às obras de Artes plásticas, ela tende, por um lado, a inspirar uma certa *familiaridade* – constitutiva do sentimento de pertencer ao mundo culto – com o universo da Arte em que

> nos sentimos perfeitamente à vontade e em perfeita harmonia com o autor na qualidade de destinatários titulares de obras que não se revelam a qualquer pessoa (BOURDIEU, 2003, p. 100, grifos do autor).

Assim, mesmo que o tempo seja considerado pouco apropriado ao alcance dos fins considerados urgentes, é possível, ainda que em uma disciplina com carga horária reduzida, despertar o sentimento de pertencimento ao mundo da cultura. Tal sentimento deve ser a base de todo o relacionamento futuro que o indivíduo venha a desenvolver com a Arte. Consoante Bourdieu (2003), é a ação da escola que pode cultivar nos alunos o dever de admirar e amar certas obras, numa espécie de ligação a um certo estatuto escolar e social que implica diretamente o reconhecimento do valor das obras de arte.

Conseguir promover esse sentimento não é tarefa das mais simples e traduz, na linguagem bourdieusiana, uma espécie de autorização que necessita ser, ao mesmo tempo, ensinada e aceita. Isso significa que o indivíduo, à medida que aprende, também deve se sentir autorizado a pertencer ao mundo da cultura.

No Brasil, uma parcela considerável de estudantes não recebe da família as disposições introdutórias ao mundo da cultura das quais a mais primária é o sentimento de pertencimento ao mundo da cultura. Consequentemente os alunos chegam à instituição escolar completamente desapossados, e, de fato, inconscientes desse desapossamento. A esses a escola deve o exercício de uma dupla função: a de desempenhar o seu já conhecido papel e ainda a de compensar o que estes alunos não receberam no seio familiar.

Pertencer requer familiaridade. Assim, posso dizer que pertenço a um grupo a partir do momento em que me identifico com ele e o julgo familiar. A familiaridade com as obras de Arte não pode ocorrer senão por uma lenta convivência equivalente ao contato repetido com a obra. Outro papel fundamental da escola, o qual se constitui uma extensão e a continuidade do primeiro, é promover um processo de familiarização cultural.

A familiarização artística consiste na visita e contato assíduo com as obras de Arte que devem ser apresentadas segundo uma boa leitura de imagens, estilos, épocas e autores, com vistas a construir uma competência artística aqui entendida como

> O conhecimento prévio dos princípios de divisão, propriamente artísticos, que permitem situar uma representação,

> pela classificação das indicações *estilísticas* que ela contém, entre as possibilidades de representação que constituem o universo artístico (BOURDIEU, 2003, p. 73, grifos do autor).

Ter familiaridade artística, portanto, significa colocar-se diante das obras da cultura com competência artística suficiente para decifrá-las, de sorte que tal empreitada exige o conhecimento dos códigos artísticos. O código artístico, por sua vez, impõe-se aos indivíduos mesmo que estes não tenham consciência de sua existência, pois define as distinções que podem operar e as que lhes escapam. Dessa maneira, o código artístico é um sistema historicamente construído e baseado na realidade social, consiste em um conjunto de instrumentos de percepção, que constitui o modo de apropriação dos bens artísticos (BOURDIEU, 2003).

Em conformidade com a análise até aqui realizada, para que a escola continuasse a exercer seu papel de promover a apropriação artística, seria imprescindível familiarizar culturalmente os educandos. Tal tarefa infunde necessariamente o investimento no ensino dos códigos artísticos e, por extensão, na construção da competência artística. É uma lógica quase matemática: familiaridade artística é igual a conhecimento dos códigos mais competência artística. Falando assim, parece bem simples e exequível, contudo, esse caminho é repleto de curvas, altos e baixos, sabores e dissabores, além do que, é longo e, o caminhar, extremamente complexo.

Não estou querendo atribuir à escola um poder milagroso. Se assim fizesse, estaria tentando dessacralizar a Arte e o artista, acabando por sacralizar a escola. Longe de mim tais intenções, até porque tenho a clareza da dificuldade que haveria e há em quebrar o círculo que faz com que o capital cultural leve ao capital cultural. Se há, contudo, um caminho para tentar abrandar, sequer um pouquinho, essa lógica cíclica, por que não tentar demarcá-lo?

Sob o aspecto da crença nos potenciais revolucionários da escola, Bourdieu (2003) incita com veemência seus poderes, ao afirmar que, exercendo uma ação continuada e prolongada, metódica e uniforme, universal e tendendo à universalidade, no que compreende o mundo da Arte, ela seria a única instituição capaz de *produzir em série* e provocar um grande escândalo entre os detentores do monopólio da distinção culta.

À medida que mais pessoas se tornem habilitadas à apreensão da obra de arte, tendo passado pela necessária intensidade das ações pedagógicas, certamente as bases que assimilam a relação entre dominação e distinção na constituição da cultura, seriam abaladas. Essa realidade, no entanto, só é capaz de figurar mediante a intensificação da ação da escola diante do crescimento da prática cultural, ou seja, a frequência a museus, teatros ou concertos, enfim a todos os espaços e formas de cultura existentes.

Além de fundamentar e ampliar o entendimento acerca do funcionamento do mundo da Arte e da cultura, contribuindo para a desmistificação dessas concepções consagradas e excludentes, também é possível exercitar uma utopia prática, como disse Bourdieu. Agora, é realizável a atividade de pensar como teria sido e como poderá vir a ser a instituição escolar se, em sua gênese, os ideais de domesticação e subserviência impostos às crianças pela Revolução Industrial, não tivesse exigido a perda da sensibilidade estética e da mente imaginativa.

Também é possível imaginar, como num exercício de criação, o que haveria acontecido se, entre todos os outros possíveis, houvesse se concretizado uma relação de igualdade no acesso aos bens artístico e apreciação destes. O que ocorreria se a todos fosse dado o direito de ingresso criador no que se ouve, vê e pronuncia? Como estaria a atual conjuntura se a atividade criadora fosse percebida como a essência do próprio ser humano e jamais coisa de gênios?!

Pode até ser que os mesmos grandes artistas de hoje continuassem a existir, afinal de contas, sua qualidade estética é irrevogável. Acho que a grande diferença residiria no relacionamento das pessoas com a Arte. Não mais um taciturno respeito, uma infundada admiração, um êxtase sem compreensão; nem uma tendência a distância, ao desprezo pelo estético, ou à perpetuação de equívocos elitistas.

Ao invés disso, dar-se-ia lugar a um contato igualmente prazeroso e crítico, em que o apreciador estaria em posição de igualdade, pois, de posse dos códigos de leitura travaria importantes e fecundos diálogos com os autores. Os espaços destinados à cultura e os próprios meios de comunicação seriam frequentados e consumidos por consumidores culturais mais críticos e autônomos. Enfim, o grande abismo entre uma minoria educada e uma maioria sem acesso aos conhecimentos básicos poderia ser transposto, se... Mas "se" não basta, não passa de mera conjectura.

Colocar em pauta outros possíveis, mesmo que de maneira tão sonhadora, é um caminho para pensar o possível que pode ser realizado no momento. Querer que todas as pessoas derivem da Arte igual deleite pode ser muito, mas esforçar-se para que a maioria entenda seu papel no desenvolvimento humano e na conquista da cidadania plena é viável e justo. Quanto mais pessoas se despirem das concepções sacralizadoras da Arte e do artista, mais se contribuirá para o entendimento de que a educação não pode se eximir da tarefa de criar necessidades culturais e ao mesmo tempo o meio para satisfazê-las. Talvez essa constitua a semente que cultivada devolverá ao homem o direito de indignar-se, de revolucionar, de lutar contra a opressão; enfim de desfrutar do potencial político-histórico das criações artísticas.

CONSIDERAÇÕES FINAIS

Ao iniciar este estudo, comparei o processo de investigação científica à remoção de sucessivas camadas de pó, que, uma vez agitadas, tornariam a repousar sobre a superfície, produzindo uma nova, surpreendente e complexa composição. A estrutura deste trabalho se orientou por essa lógica: optei, em um primeiro momento, por remover a camada de pó mais geral, que pudesse trazer referências da história geral da Arte para compreender a sacralização da Arte e do artista.

Quase tão antiga quanto o próprio homem, a sacralização surge ainda na Pré-História com a necessidade que o ser humano demonstra de se ligar ao divino, sobrenatural e místico. Desde sua gênese, tudo o que se liga ao sagrado começa, já muito cedo, a impor certas noções fundamentais, produto e condição do processo de sacralização: o privilégio e o elitismo. Nas Arte o privilégio e o elitismo são conceitos distintos, contudo são condição e produto do funcionamento de uma rede complexa de relações que sacraliza a Arte e o artista.

À medida que a primeira camada de pó era removida, alguns desenhos iniciais iam se formando e delineando personagens que figurariam do começo ao fim nessa composição. O mito do gênio criador e da obra-prima eterna e intocável são os personagens centrais de um cenário erigido no sagrado e que oculta esse pequeno mundo da curiosidade profanadora.

Os contornos produzidos com a remoção da camada de pó mais superficial só produziram um tipo de certeza: a de que havia ainda muito mais para ser removido e revelado. A próxima camada foi retirada e novamente o pó daí proveniente recaiu sobre a superfície, mas desta vez juntou-se à composição anteriormente delineada, tornou-a mais complexa e conferiu-lhe mais profundidade. Assim, na investigação da história da Educação Brasileira, particularmente do ensino de Arte, busquei deixar claro que, em educação, não há rupturas substanciais.

Isso quer dizer que, embora o nascedouro de muitos preconceitos mistificadores e sacralizadores da obra de arte tenham antiga data, continuam em vigor. No Período Colonial brasileiro foi visível a origem de um dos preconceitos mais difundidos em torno da Arte: o de torná-la um artigo de luxo, coisa reservada às elites. A noção de Arte como artigo supérfluo e oposto às necessidades materiais brotou com força do seio do Liberalismo e do Positivismo na época do Império e da República. Não obstante, a mística em torno da atividade criadora, acorrentada à noção de genialidade, dom sobrenatural e aptidão, permeia todas as propostas de atividades desenvolvidas sob a luz das tendências pedagógicas tradicional, renovada e tecnicista. Na primeira tendência, aparece na imposição de copiar os modelos sacralizados; na escolanovista é evidente na predominância conferida à livre expressão e na tecnicista em postura que cerceia e desacredita o potencial criador mediante a imposição de receitas de como fazer.

Desvendadas essas verdades, ainda faltava muito. A noção de que restavam muitas camadas a serem removidas, era clara, já que os contornos ainda eram imprecisos e careciam de mais volume. Uma brisa leve removeu mais um pouco do pó e renovou os ares, ao colocar em pauta uma possibilidade de (des)sacralização da Arte e do artista. A Proposta Triangular de ensino de Arte, desenvolvida por Ana Mae Barbosa, ofereceu e ainda oferece muitas possibilidades de dessacralização da Arte e do artista.

É fato que uma pedagogia da familiarização cultural favorece o enfrentamento de desafios e mitos decorrentes do longo e excludente processo de deseducação artística. É, contudo, fato também que, se o professor não tiver a ciência da dominação que se opera por meio da cultura, é possível colocar as pedras exatamente onde convém às classes dominantes. Isso quer dizer que as mesmas noções excludentes e mistificadoras, condição e produto da sacralização da Arte e do artista, podem estar presentes na prática de qualquer proposta metodológica de Arte, incluindo-se a Proposta Triangular.

Nesse ínterim, a composição denunciava que era ainda necessário remover mais uma camada de pó, uma pequena mais densa, pois outro personagem se anunciava. O personagem que estava por surgir era o professor, que, a despeito dos outros personagens configurados desde o início da composição, emerge da obra justamente em um momento em que todos os outros aspectos da composição se combinavam para anunciar sua vigência. Por isso, busquei investigar a função docente e os processos de formação profissional de pedagogos e licenciados em Arte.

Do processo de formação de docentes pedagogos observei que a história de vida de boa parte deles não contemplou experiências culturais significativas e, à semelhança do que ocorreu nas relações familiares e societais, sua escola também não mediou um relacionamento de necessidade e satisfação estética. A formação inicial, por sua vez, minimizou o

A SACRALIZAÇÃO DA ARTE E DO ARTISTA

conhecimento das Arte e contribuiu para que as múltiplas oportunidades do mundo da cultura permanecessem fechadas ao professor em geral. Alia-se a esses aspectos, e de maneira intrínseca, a concepção sacralizadora da Arte. Esta presentifica-se com mais força e amplitude que poderia ser imaginado, permeando desde a história de vida até a formação de professores.

Se para o pedagogo a falta de formação cultural constitui um ponto nevrálgico de sua prática docente em Arte, o mesmo não acontece com o especialista. Evidentemente a natureza formação deste contempla bem os conhecimentos necessários à sua atuação, seja em Artes Visuais, Música, Dança ou Teatro. Há no curso destinado ao especialista um investimento massivo no ensino das especificidades do universo estético, ou seja, ele possui formação cultural. Em contra partida, sua formação pedagógica não goza do mesmo prestígio. Isso implica diretamente a construção que o professor faz de seu papel de educador, as concepções e posições que apoia e se embasa, os objetivos que estabelece, conteúdos que desenvolve e a forma de executar e avaliar o ensino.

Quando a composição estava quase completa, foi necessário fazer uma pausa do olhar. Foi o momento de ouvir o que a obra tinha a dizer, num exercício de imersão na lógica que regia o relacionamento entre os componentes da composição. Dediquei-me, dessa maneira, à pesquisa de campo do tipo etnográfico como forma de compreender como as práticas docentes de pedagogos e licenciados e suas concepções acerca da Arte estavam inseridas no conjunto da obra.

Os significados provenientes dessa apreciação são ricos e plenos de sentido e apontam que, embora os equívocos elitistas e todas as rendas do processo de sacralização, realmente, vigorem com força total no ensino de Arte, é também verdade que existe um grupo significativo de professores, cientes do papel da escola quanto à iniciação artística. Professores estes que concebem a apreciação artística como experiência estética, como a mais elevada alegria estética e, sem dúvida, a união da emoção com o saber (SNYDERS, 1995).

Optei por iniciar essa investigação removendo bem as primeiras camadas de pó e analisando os aspectos mais gerais da presente problemática. Nesse sentido, as primeiras descobertas desempenharam o papel de conferir à obra os planos de fundo com base nos quais se delineariam os aspectos centrais do estudo. E, após a remoção de sucessivas camadas de pó, ficou visível que o conjunto da obra ainda carecia de luminosidade. Assim sendo, a análise se encerrou com uma tentativa de trazer luz e perspectiva de mudança em contraste com a penumbra e as linhas de construção marcantes e duras dos planos de fundo.

Como romper, porém, com esse círculo de fogo abrasado pela sacralização da cultura? A sacralização da Arte e do artista é uma estratégia do campo artístico para sacralizar obras e autores e também membros licenciados para delas se apossarem. Além de legitimar o conceito de dom na criação artística – como forma de naturalizar e esconder as relações de dominação – apresenta-se o discernimento estético como algo gratuito, inato, impossível de ser ensinado, pois se trata de um dom.

O campo artístico tem, pois, na naturalização e mistificação da aquisição do *habitus* da prática cultural, sua maior e mais eficiente arma na manutenção de seu *status quo*. Se a crença de que o amor pela Arte é uma capacidade inata e, portanto, impossível de ser desenvolvida pela educação é amplamente difundida, todas as possibilidades de dessacralizar essas disposições ficam abaladas.

Há, contudo, uma possibilidade que emerge da própria lógica do campo: se uma das armas mais poderosas do processo de sacralização é o apagamento das condições sociais, como obstáculo do acesso à pratica cultural, a dissimulação da aquisição do *habitus* específico do campo, seria essa a mesma arma que, explorada pela prática docente, poderia fazer frente às relações de dominação e de legitimação de privilégios.

É à escola que cabe reconhecer seus potenciais revolucionários, e incitar, com veemência, seus poderes, exercendo uma ação continuada e prolongada, metódica e uniforme, universal e tendendo à universalidade, como forma de *produzir em série*, e provocar um grande escândalo entre os detentores do monopólio do capital cultural.

O papel da educação deve ser o de promover, de forma rigorosa e sistemática, desde os primeiros anos de escolaridade, o contato direto com as obras, ou pelo menos um substituto aproximativo dessa experiência. Sem exercer esse papel, a instituição escolar abdica de um poder capaz de desafiar o monopólio da distinção culta (BOURDIEU, 1966). A escola deve desenvolver a função específica de criar as disposições que fazem o homem culto, incitando à prática cultural aqueles que não a encontraram no seio familiar. Caso assim não proceda, o sistema escolar será omisso em sua primordial função: a de ampliar ao máximo as referências culturais de seus alunos, potencializando a capacidade destes para a leitura de diferentes linguagens artísticas. Se mais pessoas se tornarem habilitadas à apreensão da obra de arte, tendo passado pela necessária intensidade das ações pedagógicas, certamente as bases que assimilam a relação entre dominação e distinção na constituição da cultura serão abaladas.

Aí, sim, a Arte pode ser compreendida em alicerces mais livres de dogmas e preconceitos. Ela poderia fazer parte de um cotidiano menos opressor e alienante. Aos seres humanos seria devolvido o direito de desfrutar do potencial político-histórico das criações artísticas, em uma condição de igualdade. Mas isso tudo se mais e mais pessoas se despirem de concepções sacralizadoras e se engajarem na luta pela criação da necessidade cultural e de condições para satisfazê-las.

Ao encerrar esse estudo, reforço a imperiosidade de criação de condições sociais para o exercício da prática cultural, não como forma de encher os museus com um público de iniciados maior, ou para que mais pessoas desenvolvam um tipo de exigência amaneirada e passem a pertencer à classe dos homens egrégios acima da massa indiferenciada. Não! A questão é potencializar mais pessoas a enxergarem a paisagem da vida com mais amplitude e criticidade. Que desfrutem de todo o potencial criador das diferentes linguagens artísticas o que precisa ser suscitado por um contato consciente e prazeroso com as obras da cultura; que possam superar a cisão estanque e opressora que polariza lazer-trabalho, sensibilidade-razão, prazer-saber, conhecimento-afetividade. Enfim, que o desejo de desenvolvimento humano pleno e total, mediante o acesso aos bens culturais e a posse destes seja uma realidade possível, almejada e menos sacralizada.

REFERÊNCIAS

AMOROSO LIMA, Alceu. **Problemas da estética**. Rio de Janeiro: Agir, 1960.

BARBOSA, Ana Mae. **A imagem no ensino da arte**. São Paulo: Perspectiva, 1991.

BARBOSA, Ana Mae. **Arte-educação no Brasil**. São Paulo: Perspectiva, 1995.

BARBOSA, Ana Mae. **Recorte e colagem**: influência de John Dewey no ensino da Arte no Brasil. São Paulo: Cortez, 1989.

BARBOSA, Ana Mae. **Teoria e prática da educação artística**. São Paulo: Cultrix, 1975.

BENJAMIN, Walter. **Magia e técnica, Arte e política**: ensaios sobre literatura e história da cultura. 7. ed. São Paulo: Brasiliense, 1994.

BOURDIEU, Pierre. **As regras da arte**: gênese e estrutura do campo literário. São Paulo: Companhia das Letras, 1996.

BOURDIEU, Pierre. **Escritos de educação**. Nogueira Maria Alice e Afrânio Catani (org.). Petrópolis: Vozes, 1998.

BOURDIEU, Pierre. **O amor pela arte**: os museus de Arte na Europa e seu público. São Paulo: Zouk, 2003.

BOURDIEU, Pierre. **Razões Práticas**: sobre a teoria da ação. Campinas: Papirus, 1996.

CANTON, Kátia. **Retrato da Arte Moderna**: uma história no Brasil e no mundo ocidental. São Paulo: Martins Fontes, 2002.

CARLOS, Welliton. **Em busca de Monalisa**. Diário da Manhã, Goiânia, 20 de junho de 2005. Cidades, p. 1.

COMENIUS, **Didática magna**. São Paulo: Martins Fontes, 2002.

CUNHA, Maria Isabel da. **O bom professor e sua prática**. Campinas: Papirus, 1998.

DRUON, Maurice. **O menino do dedo verde**. Rio de janeiro: José Olympio, 1978.

DURAND, José Carlos. **Arte, privilégio e distinção**: Artes Plásticas, arquitetura e classe dirigente no Brasil. São Paulo: Perspectiva, 1989.

ENGUITA, Mariano Fernández. **A face oculta da escola**: educação e trabalho no capitalismo. Porto Alegre: Arte Médicas,1989.

FERRAZ, Maria Heloísa Toledo; FUSARI, Maria Felisminda de Rezende. **Arte na educação escolar**. 2. ed. São Paulo: Cortez, 2001.

FERRAZ, Maria Heloísa Toledo; FUSARI, Maria Felisminda de Rezende. **Metodologia do ensino da arte**. São Paulo: Cortez. 1998.

FORQUIN, Jean Claude. A educação artística – para quê? *In*: PORCHER, Louis (org.). **Educação artística:** luxo ou necessidade? São Paulo: Summus, 1982.

GUIMARÃES, Valter Soares. **Formação de professores**: saberes, identidade e profissão. Campinas: Papirus, 2004.

HARISSON, Charles. **Modernismo**. São Paulo: Cosac & Naify Edições, 2000.

HAUSER, Arnold. **História social da Arte e da literatura**. São Paulo: Martins Fontes, 1998.

IAVELBERG, Rosa. **Para gostar de aprender arte:** sala de aula e formação de professores. Porto Alegre: Artmed, 2003.

JAEGER, Werner. **Paidéia**: a formação do homem grego. São Paulo: Martins Fontes, 1995.

JANSON, H. W.; JANSON, A. F. **Iniciação à história da arte**. 2. ed. São Paulo: Martins Fontes, 1996.

LE GOFF, Jacques. **Os intelectuais na Idade Média**. Rio de Janeiro: José Olympio, 2003.

LIBÂNEO, José Carlos. **Pedagogia e pedagogos, para quê?** São Paulo: Cortez, 1995.

LOUREIRO, Walderês Nunes. **Formação e profissionalização docente**. Goiânia: Editora da UFG, 1999.

MANACORDA, Mário Alighiero. **História da Educação**: da antiguidade aos nossos dias. 11. ed. São Paulo: Cortez, 2004.

NAGLE, Jorge. **Educação e sociedade na Primeira República**. 2. ed. Rio de Janeiro: DP&A, 2001.

NOGUEIRA, Monique Andries. **A formação cultural do professor ou a Arte da fuga.**

2002. 120f. Tese (Doutorado em Educação) – Faculdade de Educação, USP, 2002.

ORTEGA Y GASSET, José. **A desumanização da arte**. São Paulo: Cortez, 2001.

OLIVEIRA, Jô. **Explicando a arte**: uma iniciação para entender e compreender as Artes visuais. Rio de Janeiro: Ediouro, 2001.

PEIXOTO, Maria Inês Hamann. **Arte e grande público**: a distância a ser extinta. Campinas: Autores associados, 2003.

PEREGRINO *et al*. **Da camiseta ao museu**. João Pessoa: Editora Universitária da UFPB, 1995.

PIMENTA, Selma Garrido. **Professor Reflexivo no Brasil**: gênese e crítica de um conceito. 2. ed. São Paulo: Cortez, 2002.

RIBEIRO, Maria Luíza Santos. **História da Educação brasileira**: a organização escolar. Campinas: Autores Associados, 2003.

RIZZI, Maria Cristina de Souza. Caminhos Metodológicos. *In*: BARBOSA, Ana Mae (org.). **Inquietações e mudanças no ensino da arte**. São Paulo: Cortez, 2002.

ROUANET, Sérgio Paulo. **As razões do Iluminismo**. São Paulo: Cia das Letras, 1999.

SACRISTÁN, José Gimeno. Tendências investigativas na formação de professores. *In*: PIMENTA, Selma Garrido (org.). **Professor reflexivo no Brasil**: gênese e crítica de um conceito. 2. ed. São Paulo: Cortez, 2002.

SANTAELLA, Lúcia. **(Arte) & (cultura)**: equívocos do elitismo. 3. ed. São Paulo: Cortez, 1995.

SNYDERS, Georges. **Feliz na universidade**: estudo a partir de algumas biografias. Rio de Janeiro: Paz e Terra, 1995.